염불 수행 입문

염.불.수.행.입.문

대한불교조계종 교육원 불학연구소

차 례

간행사 - 교육원장 _ 8

편찬사 - 불학연구소장 _ 10

제1장 염불 수행이란 무엇인가 _ 14

제2장 염불하는 법 _ 28
  1. 염불 수행의 의식과 절차 _ 30
     1) 염불 수행의 의식 _ 30
     2) 염불 수행의 절차 _ 37
  2. 염불 수행자의 마음가짐 _ 44
  3. 염불 수행할 때의 주의사항 _ 62
  4. 실천방법에 따른 염불 _ 68
     1) 기일 염불 _ 69
     2) 시간 염불 _ 71
     3) 수량 염불 _ 72
     4) 절하면서 하는 염불 _ 73
     5) 일상 속에서의 염불 _ 74
     6) 단계별로 수행하는 염불 _ 75

제3장 경전상에 나타난 염불 _ 78

1. 초기불교의 염불 수행법 _ 80
2. 대승불교의 염불 수행법 _ 93

제4장 염불의 분류 _ 106

1. 정토왕생 염불과 자성미타 염불 _ 109
    1) 정토왕생 염불 _ 110
    2) 자성미타 염불 _ 122
2. 부처님의 의미에 따른 염불 _ 136
    1) 색신 염불 _ 136
    2) 법신 염불 _ 137
    3) 실상 염불 _ 138
    4) 십호 염불 _ 140
3. 염불 대상에 의한 분류 _ 143
    1) 석가모니불 염불 _ 144
    2) 아미타불 염불 _ 146
    3) 약사여래불 염불 _ 149
    4) 관세음보살 염불 _ 151
    5) 지장보살 염불 _ 153

4. 여러 가지 염불 수행문 _ 155

　1) 4종 염불 _ 155

　2) 5종 염불 _ 156

　3) 10종 염불 _ 158

제5장 염불의 공덕 _ 162

　1. 선도 대사의 〈염불집〉에 나타난 염불 공덕 _ 165

　2. 여러 경전에 나오는 염불의 이익 _ 169

제6장 맺음말 _ 180

부록 _ 186

· 정토예경 _ 188

· 서방원문 _ 222

· 정념게 _ 225

· 찬불게 _ 226

· 회향게 _ 227

간 행 사

흔히 한국불교를 일러 통불교通佛教라고 합니다. 오랜 불교사를 통해 형성된 다양한 전통들을 모두 종합하고 있는 회통會通 불교라는 뜻입니다. 이는 참선과 염불, 교학과 수행이 공존하는 종단의 현실적인 상황을 반영하는 말이기도 합니다. 물론 조계종단은 선종의 종지를 받들고 있기 때문에, 간화선을 위주로 한 참선 수행을 중심으로 수행해 왔습니다.

그러나 한국불교에서 행해지는 갖가지 의식에서 가장 큰 비중을 차지하고 있는 것은 바로 염불입니다. 일상적인 기도는 물론이요 영가천도를 비롯한 크고 작은 불교의례가 모두 염불을 중심으로 구성되어 있습니다. 따라서 염불은 사찰에서 일상적으로 행하는 의례이자 한국 불자들의 대표적인 신행이라 해도 과언이 아닙니다.

그렇다고 염불의 의미가 종교적 의례나 신행의 절차에서만 끝나는 것은 아닙니다. 염불은 그 자체로 오랜 역사와 사상적 전통을 지닌 독립된 수행법이기 때문입니다. 염불에 대한 근거는 초기경전에서부터 찾아볼 수 있으며, 특히 여러 대승경전에서는 염불 수행의 다양한 공덕에 대해 상세히 설명하고 있습니다.

염불 수행의 가장 큰 공덕은 극락세계에 왕생하는 것이며, 부처님의 법문을 듣고 본성을 깨달아 마침내 성불하는 것입니다. 하지만 여러 경전에서는 극락왕생이나 성불과 같은 염불의 궁극적인 공덕 외에도 죄업의 소멸이나 질병의 완쾌와 같은 현세적인 공덕에 대해서도 열거하고 있습니다. 실제로 불자들은 불안하고 힘든 현세의 삶을 염불을 통해 달래고 복을 빌었으며, 염불을 통해 내세의 극락왕생을 기원했습니다.

이처럼 염불은 경전적 근거와 교리적 체계를 갖고 있으며, 한국 불자들에게 가장 널리 통용되는 수행임에도 불구하고 그동안 염불 수행에 대한 친절한 지침서가 마련되지 못했습니다. 그래서 조계종단에서는 이를 바로잡고 염불에 대한 바른 이해를 바탕으로 체계적인 염불 수행이 가능하도록 《염불 수행 입문》을 발간하게 되었습니다. 이번에 마련된 이 책을 길잡이로 삼아서 기존에 염불을 해오시던 분들은 보다 체계적인 이해를 바탕으로 염불 수행이 깊어지시기를 기원합니다. 그리고 아직 염불 수행을 하지 않은 분들은 지금부터라도 이 책을 지침으로 삼아 염불 수행에 정진하실 것을 당부드립니다.

불기 2551(2007)년 4월
대한불교조계종 교육원장 청 화

편찬사

　한국불교 역사상 선과 함께 가장 많이 실천해 온 수행법이 바로 염불 수행법입니다. 그러나 선불교 중심의 한국불교 풍토에서 언제부터인지 염불을 노인이나 하근기 중생들의 타력 신앙으로 다소 가볍게 여기는 경향이 있었습니다. 하지만 부처님께서는 《증일아함경》에서 "마땅히 한 법(一法)을 수행하고, 마땅히 한 법을 널리 펴라. 한 법을 수행하면 문득 명예가 있게 되고, 큰 과보를 이루며, 모든 선(善)이 널리 퍼지게 되고, 감로의 맛을 얻어 무위처(無爲處)에 이르며, 문득 신통을 이루어 모든 어지러운 생각을 제거하여 열반에 이른다. 어떤 것을 한 법이라고 하는가? 이른바 염불이니라"라고 하셨습니다. 또한 용수 보살도 《대지도론》에서 "염불이란 수행자가 일심으로 부처님을 염하여 여실 지혜(如實智慧)를 얻고 대자대비를 성취하기 때문에 착오가 없다"라고 하셨습니다.

　따라서 조계종 교육원은 이렇게 확실한 전통적 수행법이며 현재까지도 일반적으로 많이 행해지고 있는 염불 수행에 대하여 입문자들에게 체계적인 염불 수행 지침을 마련해주고자 수행 입문 시리즈 세 번째로 이 책을 펴내게 됐습니다.

　이 책은 2005년 조계종 교육원에서 발간한 《수행법 연구》에 실린

〈염불 수행법〉을 기본으로 초심자에 맞춰 풀어 쓴 것입니다. 이 책에서는 염불 수행의 역사를 시작으로 염불하는 시간이나 기일·수량 등에 따라, 또 어떤 불보살님을 염하느냐에 따라, 그리고 염하는 방식에 따라 여러 형태를 가지는 '염불 수행법'에 대해 체계적으로 정리하였습니다. 또한 염불할 때의 마음가짐과 주의 사항, 염불 수행 절차와 염불의 공덕 등을 제시해 초심자들의 수행에 실질적인 도움을 주고자 하였습니다.

아울러 염불 수행에 있어서 아미타불의 본원력에 의지하는 타력적인 측면뿐 아니라 스스로 발보리심하고 자성미타와 유심정토에 기초한 자력적인 측면, 그리고 염불과 선이 합해져 이루어진 수행 형태라 할 수 있는 염불선의 성격까지 균형 있게 제시하여 염불 수행 선택에 참고할 수 있도록 하였습니다.

염불 수행자의 생명은 정토왕생 혹은 자성미타에 대한 신심과 서원에 있습니다. 아무쪼록 이 책이 불교 수행을 처음 접하는 사람부터 이미 염불 수행을 하고 있는 사람까지 신심과 서원을 깊고 굳건히 하는 데 많은 보탬이 되기를 기원합니다. 나아가 염불 수행으로 무념처에 이르러 절대 안심을 얻고 사회를 정화하는 데 확실한 계기가 될 수 있기를 간절히 바라는 바입니다. 끝으로 이 책의 본 원고를 집필해주신 태원 스님과 입문서로 원고를 다듬어주신 김방룡 선생님, 그리고 윤문과 윤독회에 참여해주신 권수형, 김성옥 두 선생님께 감사의 말씀을 올립니다. 나아가 책이 출판되기까지 노고가 많았던 불학연구소, 조계종출판사 실무자들에게도 감사를 표합니다.

불기 2551(2007)년 4월
대한불교조계종 불학연구소장 **현 종** 합장

제 **1** 장

염불 수행이란 무엇인가

'나무아미타불, 관세음보살'

이는 우리나라 불자佛子들이 기쁠 때나 슬플 때나 한결같이 찾아 부르는 불보살님의 대표적인 명호名號다. 우리나라 불자들은 오랜 불교적 전통과 역사 속에서 태어나 자라면서 '아미타부처님께 귀의합니다. 관세음보살님께 귀의합니다' 라는 의미의 염불을 일상적으로 수행해 온 셈이다.

이렇듯 염불念佛은 우리나라 불교 역사상 선禪과 더불어 가장 많이 실천해 온 수행법이다. 선이 스스로 노력해서 궁극적인 깨침에 이르고자 하는 수행법이라면, 염불은 아미타불이나 관세음보살 등 불보살님의 본원력本願力에 의지해 정토에 왕생하여 궁극적으로 성불하는 것을 목적으로 하는 수행법이다. 그렇기 때문에 선은 자력自力 수행이라고 하고 염불은 타력他力 수행이라고 한다.

염불은 일반적으로 불보살님의 본원력에 의지한다는 면에서 외형적으로는 타력 수행법이지만, 불보살님을 염念하는 것은 자신의 힘으로 하고 수행이 깊어짐에 따라 결국 자신의 마음속에 있는 불성佛性을 깨닫게 되므로 자타불이自他不二의 수행법이라 할 수 있다.

모든 불교 수행의 궁극적 목표는 '깨달음'이다. 존재의 참된 본질, 즉 불성을 스스로 깨닫고(自覺) 다른 모든 사람의 깨달음을 돕는 것(覺他)이다. 불교의 궁극적인 깨달음은 '바라밀다波羅蜜多', 즉 피안彼岸의 세계에 이르는 것이다. 번뇌와 고통이 가득한 이 세계인 차안此岸에서 해탈과 열반의 세계인 피안에 도달하는 것이 불교 수행의 목표다.

해탈과 열반의 세계, 깨달음의 세계에 이르는 과정인 불교 수행은 그 난이도에 따라 크게 두 가지로 나눌 수 있다. 바로 난행도難行道와 이행도易行道다. '난행도'란 어려운 길이란 뜻이고 '이행도'란 말 그대로 쉽고 편한 길이라는 뜻이다.

선 수행은 자력으로 깨달아 피안에 이르는 수행법이므로 난행도, 즉 어려운 길이라고 한다. 반면 염불 수행은 아미타불의 원력이라는 배를 타고 안전하게 해탈과 열반의 피안으로 나아가는 수행법이라고 해서 이행도라고 한다. 쉽고 빠른 수행길이라는 뜻이다.

일체중생을 구제하기 위해 아미타불이 세운 간절한 원력에 의해 누구나 쉽게 구제될 수 있는 길이 열려 있다.

마치 텔레비전과 라디오의 채널만 맞추면 원하는 방송을 보고 들을 수 있듯이, 누구나 신심을 내고 아미타불께 지극하게 귀의하여 그 명호를 외우기만 하면 해탈과 열반의 세계인 극락에 왕생할 수 있다는 것이다.

중앙방송국에서 아무리 좋은 프로그램을 내보낸다고 해도 청취자가 그것을 선택하여 주파수를 스스로 맞추지 않으면 쓸모가 없다. 염불 수행도 마찬가지다. 아미타불께서 이미 그 길을 열어 두셨어도 수행자가 스스로 발심하고 수행하여 극락왕생의 길을 걸어야 한다. 이 점에서 염불 수행은 철저히 자력적發菩提心이다.

즉 아미타불의 본원력이라는 타력과 스스로 발보리심하고 염불 수행하는 자력이 결합되어야만 염불 수행의 궁극적 목표인 해탈과 열반을 향한 도피안到彼岸이 가능해진다.

'생각이 바뀌면 행동이 바뀌고, 행동이 바뀌면 운명이 바뀐다'라는 말이 있다. 한 생각에 의해 우리의 운명이 행복과 불행, 성공과 실패로 엇갈린다. 우리는 모두 전생의 생각과 행동에 따른 결과 업보를 가지고 태어난다. 그러나 이 결과업보는 지금 한 생각을 전환하는 것에 의해 새로운 업보로 변화할 수 있다.

만일 악한 업을 지니고 태어난 사람이 있더라도, 불법을 만나고 참회하면서 다시는 악업을 짓지 않겠다고 굳게 결심하고 항상 착한 일을 행하며 착한 생각을 하면 악업이 소멸되고 선업의 과보로 운명이 바뀌게 된다.

우리가 무슨 생각을 가지고 사느냐에 따라 지금 이 순간의 행동이 달라진다. 이 행동이 선한 것이었다면 그것은 선업이 되어 새로운 운명을 펼칠 것이다. 선을 생각하면 선한 행동을 하게 된다. 반대로 악을 생각하면 악한 행동을 하게 된다. 그런데 우리가 만약 각행원만覺行圓滿[1]한 부처님을 항상 생각하면 어떻게 되겠는가?

각행이 원만한 부처님을 일념으로 지극히 염念하는 수행을 계속하면, 그 불자는 분명히 삶에 위대한 변화가 일어날 것이다. 그는 부처님처럼 스스로 깨치려고 노력할 것이다. 또 부처님처럼 모든 중생을 건지려는 자비심으로 충만하게 될 것이며, 결국에는 각행이 원만한 부처님의 모습을 있는 그대로 닮아가서 스스로 부처를 이루게 될 것이다. 염불 수행은 이렇게 부처님을 지극히 염하는 가운데 스스로 부처의 지위에 오르는 수행법이다.

염불 속에는 각행원만한 부처님을 기리고 존경하는 마음과 부처님께 성심誠心으로 귀의하는 마음이 깃들어 있다. 그래서 부처님을 염함으로써 현세에는 참된 삶을 영위할 수 있는 이익을 얻으며, 내세에는 윤회의 고통을 벗어나 영원한 해탈과 자유·영원한 생명

---

1. 각행覺行이란 스스로 깨닫고 다른 이를 깨닫게 하는 보살의 불도 수행을 말하는 것으로, 각행원만은 이 보리행을 원만히 구족하는 것을 말한다.

이 있는 정토에 왕생하는 것이다.

정토에 한 번 왕생하면 어떤 중생이든 번뇌에 다시 물들지 않아 타락함이 없고 물러섬이 없이 성불하게 된다. 그래서 염불 수행자들은 정토왕생이야말로 진정으로 성불에 이르는 길이라고 한다.

법회를 할 때 대부분 사홍서원四弘誓願을 한다. 사홍서원은 중생이 가이없지만 마침내 건질 것이며, 번뇌가 다함없지만 마침내 끊고야 말 것이며, 법문이 한량없으나 맹세코 다 배울 것이며, 위없는 불도를 닦아 끝내 성취하겠다는 네 가지 큰 서원이다. 이 사홍서원은 일체의 대승보살들이 '상구보리 하화중생上求菩提 下化衆生'이라는 대승불교의 근본이념을 실천하기 위해 공통적으로 세운 총원總願이다.

염불 수행은 선·염불·간경·송주·절 등의 다양한 수행법 가운데 선 수행과 더불어 양대 수행법이라 할 수 있다. 또 보살의 서원과 실천을 강조하는 대승불교 사상에 충실한 수행법이다.

염불 수행의 요체는 '나무아미타불'이라는 육자六字 명호를 지극히 외우면서 부처님께 귀의하는 것이다. 아미타불의 명호에는 만 가지 공덕이 들어 있기 때문에, 그 명호를 믿고 의지하며 간절히 부를 때 갖가지 공덕이 성취되고 임종하여서는 마침내 정토에 왕생하게 된다.

대다수의 불자들이 염불을 '부처님의 명호를 연속하여 부르는 것'으로 이해하고 있지만, 염불은 이러한 칭명稱名의 수행만을 뜻하지는 않는다.

'염불念佛'이란 문자 그대로 '부처님을 염念²한다'라는 뜻이다. 일반적으로 '염念'의 의미는 어떤 대상을 마음속에 간직하고 잊지 않으려는 의식작용'이라 할 수 있다. '불佛'이란 진리를 깨달은 자로서 스스로 깨달아 다른 사람을 깨닫게 하는 분이다. 즉 부처님이란 '스스로 모든 진리를 깨닫고, 미혹의 고해苦海에서 헤매는 중생들에게 그 깨달은 진리를 전하여 깨달음의 언덕에 이르도록 하는 분'이다. 염불이란 이러한 부처님을 항상 마음속에 간직하고 그를 닮아가려는 총체적인 노력이라 할 수 있다.

석가모니부처님이 열반에 드신 이후 염불은 재가신도들 사이에서 불佛·법法·승僧 삼보三寶를 간절히 염하는 염불念佛·염법念法·염승念僧의 하나로서 자연스럽게 출현한 것으로 보인다. 이처럼 염불 수행은 이미 초기불교 시대부터 행해졌지만, 보편적으로 널리 행해지게 된 것은 대승불교 시대부터다.

대승불교는 '상구보리 하화중생'을 근본이념으로 한다. 즉 위로는 깨달음을 구하고 아래로는 중생을 교화하는 것이 대승보살의 주된 서원誓願이다. 대승불교의 수행자들은 스스로 일체중생을 구

---

2. '염念'이란 산스크리트로 smṛti, smaraṇa, manasi-kāra, cita라고 정의한다. 팔리어에서는 sati, samannāhāro, cetanā, manas 등으로 정의하고 있다. 관념觀念·심념心念·사념思念·억념憶念·칭념稱念 등으로 표현된다.

원하겠다는 원願을 세우고 육바라밀六波羅蜜 등의 수행법을 실천함으로써 불보살의 지위에 오르게 된다.

대승보살의 이러한 발심이 발보리심이다. 발보리심이란 진리를 깨쳐서 괴로움을 해결하고자 하는 마음이며, 무수한 번뇌를 모두 다 끊기를 원하고, 무량한 선법善法을 모두 다 닦기를 원하며, 무변無邊한 중생을 모두 다 구제하기를 원하는 마음이다. 이러한 발심과 서원을 통하여 불교의 수행은 출발하게 된다. 불보살들이 스스로 원을 세우고 한량없는 세월 동안 수행을 통하여 생긴 중생 구제의 힘을 본원력이라고 한다.

모든 불보살은 일체중생을 제도하려는 원력願力을 가지고 있다. 그렇기 때문에 범부중생이 불보살에게 귀의하여 간절히 염하고 찾게 되면 불가사의한 가피력을 체험하게 된다. 이러한 불보살 중 대표적인 분이 바로 아미타불이다.

아미타불은 법장 비구法藏比丘라는 수행자였다. 법장 비구는 과거세에 세자재왕불世自在王佛이 세상에 출현하였을 때 그 나라를 다스리던 왕이었다. 그런데 부처님의 법문을 듣고 크게 감동하여 왕위를 버리고 출가수행자가 되었다. 일체중생을 구제하기로 결심한 법장 비구는 자신이 뜻하는 바대로 불국토佛國土를 이룩하기 위해 48가지의 서원을 세웠고, 그 서원을 성취하기 위해 끊임없이 수행하였다. 그 결과 마침내 모든 서원을 성취하고 서방정토 극락세계라는 불국토를 이룩하였다. 그에 따라 생겨난 아미타불의 본원력이 정토신앙과 염불 수행의 기초가 된다.

　우리들이 살고 있는 이 사바세계는 번뇌와 고통과 더러움을 여의기 어렵다. 그러나 아미타불의 서원에 의해 이룩된 극락세계는 정토淨土로서 깨끗하고 안락하며, 번뇌와 업장에 얽매임이 없고, 고통과 죽음이 없어서 무한히 자유자재할 수 있다고 한다.

　또한 아미타불은 어떤 중생이든 원하기만 한다면 서방정토 극락세계에 태어날 수 있는 길을 아래와 같은 원으로써 활짝 열어 두었다.

> 만약 내가 부처를 이룰 때에 시방十方의 중생들이 지극한 신심과 환희심을 내어 나의 국토에 왕생하고자 하여 나의 이름을 열 번을 부르고도 왕생하지 못한다면, 나는 결단코 부처가 되지 않겠습니다.
>
> － 《무량수경》제18원

　이렇듯 아미타불이 일체중생에게 무한하고 평등한 자비를 베풀어 놓았기 때문에 누구든 아미타불의 서원을 굳게 믿고 염불하기만 한다면 아미타불의 본원력에 의하여 번뇌와 고통과 윤회가 없는 극락정토에 태어나게 된다.

> 어떠한 중생이든 지극한 신심과 환희심을 내어 나의 이름을 열 번만 불러도 반드시 왕생토록 하고, 보리심을 내어 여러 가지 공덕을 닦고 지극한 마음으로 원을 세워 극락왕생하고자 하는 이가 있다면 그가 임종할 때에 내가 반드시 대중들과 함께 가서 영접하리라.
>
> – 《무량수경》제19원

아미타불은 이러한 중생구제의 대원大願을 세우고 끊임없이 수행하였다. 아미타불의 이 원력이 일체중생을 구제하는 힘의 원천이 되었다. 그러나 아미타불의 구제는 인간을 초월한 신神이나 창조주를 상정하고, 그에 의지하여 구원을 희망하는 유일신앙인 기독교나 회교 등의 종교와는 엄밀한 의미에서 차이가 있다. 왜냐하면 크나큰 구제력을 갖춘 아미타불에게 귀의하는 것은, 비록 타력적 신앙의 형식을 띠고 있지만, 자발적인 귀의와 염불 수행에 기초하고 있기 때문이다.

아미타불의 48대원은 부처가 되기 이전 법장 비구 시절에 세운 서원으로서 아미타불의 독자적인 별원別願이다. 염불 수행은 아미타불의 서원과 본원력에 의지하여 출발한다. 그러나 염불 수행자들은 대승보살로서 염불 수행을 하는 과정에서 사홍서원을 함께 세우고 서원에 따라 수행해 나감으로써, 스스로 아미타불과 같은 중생구제의 원력을 지니고 깨달음에 도달하며 궁극적으로는 하화중생의 길로 나아가게 된다. 즉 염불 수행은 타력과 주체적 자력의 이상적 결합 형태를 띠고 있다.

염불 수행에는 '나무아미타불' '관세음보살' 등 불보살님의 명호를 부르는 칭명염불稱名念佛과 마음속으로 간절히 아미타불을 그리는 관상염불觀像念佛이 있다.

우리나라에서 이러한 염불 수행은 삼국시대부터 수행되어 오다가 통일신라시대 원효 대사에 의해 민중들에게 널리 보급되고 뿌리내리게 되었다. 이후 선禪 수행이 중국으로부터 들어와 정착함에 따라 염불 수행과 선 수행이 공존하게 되었다.

고려 후기부터 선이 불교 수행의 중심적 역할을 하게 되면서, 염불 수행은 자성미타自性彌陀를 염하는 형태를 띠게 되었다.

"아미타불이란 무엇인가? 그것은 바로 나의 마음(自心)이며 나의 본성本性이다"라는 자각 아래 자성미타를 염하여, 선과 회통會通하는 염불 수행이 등장하게 된 것이다.

염불 수행법은 많은 장점이 있다. 염불은 누구나 쉽게 할 수 있는 수행법이며 참회를 하면서 동시에 공덕을 지을 수 있는 수행법이다. 아울러 부처님의 본원력에 의지하여 가장 빠르게 정토왕생할 수 있는 수행법이요, 결사의 형태를 띠고 함께 닦을 수 있는 수행법이다. 이러한 장점 때문에 염불 수행은 여러 가지 수행법이 공존하고 있는 한국불교의 현실 속에서도 활발히 행해지는 것이다.

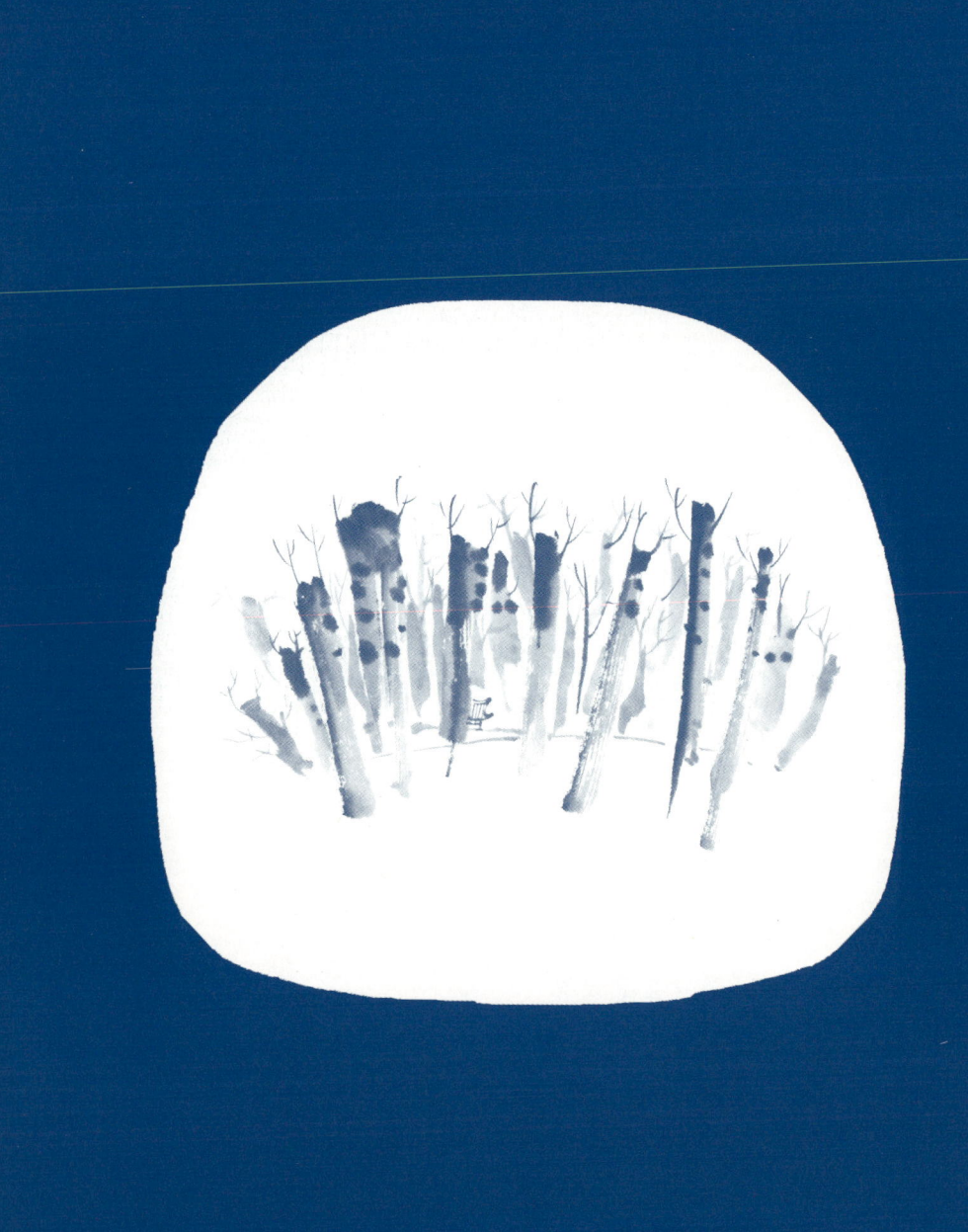

제 2 장

염불하는 법

1
염불 수행의 의식과 절차

1) 염불 수행의 의식

염불 수행의 의식은 일반적으로 예배禮拜, 참회懺悔, 발원發願, 권청勸請, 수희隨喜, 염불 정근念佛精勤, 회향廻向 순으로 전개된다.

예배란 수행자가 거룩하신 부처님을 기억[念]하고 예경하며 부처님께 찬탄과 공경을 올리는 행위다.

참회란 자신이 과거 무수한 생애 동안 지은 업장에 대한 자각과 반성의 행위다. 자신의 잘못을 돌이켜 알아차리고 인정하는 데서부터 진정한 수행이 비로소 시작된다.

발원이란 부처님처럼 원을 세우는 것이다. 대승불교는 스스로 원을 세우고 그것을 실천하는 바라밀행에서 시작된다. 염불 수행자의 경우 현생에서의 업장소멸과 소원성취, 그리고 내세에 정토에 왕생하기를 발원할 것이다. 그러나 대승보살이라면 자신은 물론 많은 중생들과 함께 정토에 왕생하고자 하며, 왕생 후 극락세계에서 무생법인을 증득하고, 다시 이 사바세계로 돌아와 고통받는 중생들을 제도하겠다는 회향의 발원 또한 세워야 한다.

그러므로 염불은 부처님의 모습과 공덕은 물론, 중생을 남김없이 건지겠다는 대자대비한 마음을 떠올리는 것이기도 하다.

권청이란 지극한 정성으로 부처님을 청하는 것이다. 부처님을 간절하게 청해 모심으로써 수행이 진실되게 하는 것이다.

수희는 부처님의 가르침을 따라서 기뻐하는 것이다.

염불 정근은 염불 수행 의식의 주된 부분으로, '나무아미타불' 등 불보살님의 명호를 지속적으로 외우고 부르며 염하는 것이다.

회향은 염불의 공덕을 일체중생과 법계에 되돌리는 것이다.

이러한 예배와 찬탄, 참회와 발원, 회향 등을 통해 중생의 무명과 번뇌, 과거에 지은 나쁜 업장 등이 소멸되어 본래의 청정한 자성을 회복하게 된다. 또한 염불 수행으로 극락에 왕생하여 아미타부처님을 친견하고 무생법인을 증득하게 된다.

이와 같이 염불 수행의 의식은 염불 수행의 목적이 무엇인지를 밝히고 그 의식에 따라 수행자의 마음가짐을 바로 세워 수행함으로써 염불 수행의 효과를 극대화하기 위한 것이다. 염불 수행에서 중요한 것은 염하는 대상인 부처님이다.

아미타부처님을 향해 예경할 때는 실제로 부처님을 친견하고 있다고 믿으면서 지극히 공경하는 마음가짐으로 임해야 한다.

　옛날 어떤 사냥꾼이 가사를 입었는데, 코끼리가 일어나서 공경한 마음으로 예배를 하였다. 코끼리는 그 공덕으로 도리천에 나서 91겁 동안 즐거움을 받았다고 한다.

　부처님을 향해 공경을 표하고 예배하면 고통을 여의고 존귀한 영화를 누리며 천상이나 정토에 태어나게 된다. 그러므로 염불 수행자는 가까운 곳에 부처님을 모시고 항상 공경해야 한다.

　용수 보살은 부처님을 공경하고 예배하면서 염불해야 한다고 다음과 같이 강조하였다.

> 아미타불 등 부처님과 보살님들의 명호를 부르고 염하면 불퇴전不退轉의 지위를 얻을 수 있다. 그러므로 마땅히 아미타불 등의 부처님을 공경하고 예배하며, 그 명호를 불러야 한다.
>
> － 《십주비바사론》제5권 〈이행품〉

　담란曇鸞[3] 대사는 《찬아미타불게》에서 예배와 찬탄, 그리고 참회하는 의식을 다음과 같이 소개하고 있다.

---

3. 담란曇鸞(476~542) : 중국 정토교의 초조로, 후세의 정토교 발전에 공이 크다. 저서로는 《대집경소》《왕생론주》《찬아미타불게》《약론안락정토의》 등이 있다.

스승과 스님, 부모, 선지식과 법계의 중생들이 세 가지 장애(탐·진·치)를 끊고 함께 아미타불의 세계에 태어나기 위해 귀의하며 또한 참회합니다.

– 《찬아미타불게》

담란 대사의 예배는 자신을 포함한 모든 사람들이 함께 정토에 왕생하기 위한 발원이며 참회의 예배였다. 대사는 하나하나의 예배마다 '원공제중생 왕생안락국願共諸衆生 往生安樂國'이라고 하여, 일체 중생이 함께 정토에 왕생하는 발원에 예배의 공덕을 회향하고 있다.

당나라의 선도善導4 대사는 《관무량수경소》에서 불상 앞에서 참회하는 법에 대해 이렇게 말하고 있다.

모든 수행자들은 먼저 불상 앞에서 지극한 마음으로 참회하고 지은 죄를 숨김없이 드러내며, 지극하게 참괴慚愧한 마음을 내어 슬피 울고 눈물을 흘리면서 허물을 뉘우쳐야 한다.

– 《관무량수경소》

4. 선도善導(613~681) : 중국 당나라의 스님이다. 10년 동안 삼론에 종사하면서 정토의 행을 전공하고 정토교의淨土敎義를 크게 이뤘다. 저서로는 《관무량수경소》 4권, 《법사찬》 2권, 《관념법문》 등이 있다.

그렇다면 예배와 참회의식 가운데 어느 것을 먼저 행하는 것이 좋을까? 《법사찬》에서는 마음속으로 깊이 참회한 후 예배하는 것이 순서라고 말하고 있다.

> 이제 도량 내의 범부와 성인에 대해 발로참회發露懺悔하면서 죄가 영원히 다 소멸하여 남음이 없기를 원해야 한다. 이렇게 참회하고 나서 지극한 마음으로 아미타불에게 귀의하면서 예배해야 한다.
> — 《법사찬》

이 밖에도 《법사찬》에는 "참회한 후 지극한 마음으로 아미타부처님께 목숨 바쳐 귀의합니다"라는 말이 자주 나오고 있다.

그러나 일반적으로 염불의식을 행할 때는 별도로 참회의식을 갖지 않는다. 예배하는 과정에 이미 참회의 마음이 깔려 있기 때문이다.

예배의 목적은 부처님께 예경하며 부처님을 찬탄하는 것이다. 부처님은 일체의 번뇌와 업의 속박을 벗어나 해탈의 대자유를 누리고, 중생구제의 원력을 세우신 분이다. 그래서 부처님을 찬탄하면 자연스럽게 자신의 죄업에 대한 참회가 이루어지기 마련이다. 참회를 통하여 업을 정화시킬 때 부처님에 대한 예배와 찬탄이 저절로 우러나오게 된다.

염불 수행은 예배로 시작해서 예배로 끝난다고 해도 지나친 말이 아니다. 그리고 예배는 참회나 발원, 회향에 이르기까지 모든 과정이 하나로 녹아 있는 것이므로 그 중요성은 아무리 강조해도 지나침이 없다.

불도를 이루기 위해서는 신身·구口·의意 삼업三業[5]을 닦아야 한다. 삼업을 닦아 청정히 하는 방법이 바로 예배다. 이 예배에는 몇 가지의 중요한 의미가 깃들어 있다.

첫째, 예배에는 자신을 낮추고 상대를 높이는 하심下心의 의미가 깃들어 있다.

예배의 일반적 형식은 오체투지다. 오체투지는 두 무릎과 두 팔꿈치와 이마를 바닥에 붙여 온몸으로 예배하는 것이다. 예배자는 자신의 이마를 존귀한 부처님의 발에 갖다 댐으로써 자신을 가장 낮추는 하심을 하게 된다.

자기를 높이고 아만심이 있는 사람은 자기에 대한 집착이 강하다. 그래서 상대가 자신을 존경해주지 않거나 알아주지 않으면 번민과 고통에 휩싸이게 된다. 그러나 항상 자기를 낮추고 하심하는 사람은 이러한 고통과 번민을 벗어나므로 마음이 늘 평온하고 안

---

5. 행동, 말, 생각으로 짓는 업을 말한다.

락하다. 그래서 하심의 수행은 매우 중요하다.

둘째, 예배에는 과거에 지은 죄업에 대한 참회가 깃들어 있다.

예배는 부처님이나 보살님을 향하여 자신이 과거에 지은 죄업을 참회하는 마음이 기본이 되어야 한다. 지극하게 절을 올리면서 앞으로 다시는 같은 잘못을 저지르지 않겠다고 다짐하는 것이다. 사람은 누구나 크든 작든 잘못을 저지르며 산다. 그렇기 때문에 잘못을 자각하고 인정하며 참회하는 것이 필요하다.

도덕이나 윤리가 땅에 떨어진 요즘, 사람들은 자신의 행동이 왜 잘못인지조차 알지 못한다. 자신의 행위가 잘못인 줄 깨닫는 것, 즉 잘못에 대한 자각이 필요한 시대다. 자신의 잘못을 자각하기 위해서는 언제나 남의 허물보다는 자신의 허물을 먼저 살피고 돌이켜 반성해야 한다.

알고 지은 죄는 물론, 모르고 지은 죄까지도 오체투지로 예배하면서 간절하게 참회한다면, 자신의 업장을 소멸할 뿐만 아니라 이웃과 사회를 정화하는 데도 큰 도움이 된다.

셋째, 예배에는 부처님과 보살님들의 공덕과 부처님이 설하신 진리에 대한 찬탄이 깃들어 있다.

부처님을 찬탄하는 것은 스스로 그 공덕과 진리에 감동하여 부처님께 귀의하고자 발심하는 마음의 작용이다. 또한 부처님께서 설하신 진리대로 살기 위해 실천하는 의지의 작용이기도 하다. 이 찬탄에는 부처님께서 가르쳐주신 진리를 따라 번뇌를 끊고 청정한 극락세계에 왕생하겠다는 분발심이 담겨 있다.

또 다른 측면에서 찬탄에는 진리를 다른 사람에게 전하고자 하는 전법의 정신도 들어 있다. 부처님은 나와 남이 둘이 아닌 세계를 말씀하셨다. 그렇기 때문에 부처님의 진리를 찬탄하면서 예배하는 의식이야말로 나와 남이 없는 차원에서 함께 닦아나가는 진정한 수행의 길이 되는 것이다.

2) 염불 수행의 절차

(1) 여법하게 할 경우

우리나라 불교 역사에 있어서 정토사상과 염불 수행은 신라시대에 크게 번성하였다. 그러다가 어느 순간 수행의 맥이 약화되면서 끊어졌다. 그 후 고려시대에 원묘 스님이 강진에서 염불결사체인 백련사白蓮社를 결성하여 염불 수행을 행하였으며, 조선 후기 총림에는 선당, 간경당과 더불어 염불당이 있었다. 그러나 과거 신라시대의 전성기를 되찾기는 어려웠고 염불 수행에 대한 체계적 절차와 방법에 대해서도 잘 알려지지 않았다.

이러한 문제에 대해 깊이 고민하고 염불 수행의 체계를 새롭게 정리한 분이 바로 자운 율사(1911~1992)다. 자운 율사는 사라져가는 계율사상을 크게 진작하였을 뿐만 아니라, 신라시대 이후 맥이 끊어지다시피 한 정토 수행을 손수 실천하면서 일반 대중에게 염불을 권한 정토 수행의 선구자였다.

특히 자운 율사는 예배와 찬탄을 구비한 《정토예경》을 직접 편찬하여 염불 수행 의식을 체계화하였다. 또 참회기도를 위하여 《자비수참慈悲水懺》《자비도량참법慈悲道場懺法》《고독지옥참회孤獨地獄懺悔》 등을 편찬하였다.

현재 여법한 염불 수행 의식은 자운 율사의 《정토예경》의 내용을 따르는 것이 최선이다. 《정토예경》에 나오는 예배와 수행의 절차는 아래와 같다.

① 아미타부처님 전에 향을 사르고 게송을 외운다.
② 시방법계에 항상 상주하고 계신 불·법·승 삼보께 아뢰는 예배를 시작으로 하여 총 206배를 한다.
③ 본인의 서원을 아뢴다.
④ 연지 대사가 지은 서방원문西方願文을 낭송한다.
⑤ 정념게正念偈와 찬불게讚佛偈를 낭송한다.
⑥ 각자 형편에 맞게 '나무아미타불'을 염한다.
⑦ '나무관세음보살' '나무대세지보살' '나무청정대해중보살'을 각각 세 번씩 외운다.
⑧ 회향게를 외운다.

또 예배의 대상을 분석해 보면 다음과 같다.

첫째, 부처님에 대한 예배다.

이 예배는 본사本師 석가모니불을 비롯하여 동방, 남방, 서방, 북방, 동남방, 서남방, 서북방, 동북방, 하방, 상방 등 시방의 부처님께 각각 예배한다. 그리고 아미타불에 대한 예배가 시작되는데 총 151배를 한다.

먼저 《무량수경》에 나오는 12광불光佛의 명호를 부르면서 예배하고, 뒤에는 48원의 내용과 정토의 정보장엄正報莊嚴과 의보장엄依報莊嚴 등 정토경전에 있는 내용을 찬탄하면서 예배한다. 마지막에는 '진시방삼세일체제불盡十方三世一切諸佛'께 예배한다.

둘째, 법에 대한 예배다.

정토삼부경의 이름을 하나하나 부르면서 예배하고, '진시방삼세일체존법盡十方三世一切尊法'에 예배한다.

셋째, 보살에 대한 예배다.

먼저 《십왕생경》에 나오는 관세음보살부터 마지막 무변신보살까지 25보살의 명호를 한 분 한 분 열거하면서 예배한다. 25보살은 석가모니부처님과 아미타부처님이 염불 수행자를 보호하기 위하여 보내신 보살들이다. 그래서 25보살에게 예배를 하는 것이다.

선도 대사의 《관념법문》에는 "어떤 사람이 오로지 서방의 아미타불을 염하여 왕생하기를 원하면 25보살로 하여금 수행자를 그림자가 따르듯이 보호하게 한다"라는 내용이 있다.

자운 율사는 25보살 다음으로 문수 보살과 미륵 보살, 인도의 용수 보살, 마명 보살, 천친 보살을 25보살과 같은 지위에 넣어 예배하도록 하였다. 마지막에는 '진시방삼세일체보살盡十方三世一切菩薩'이라 하여 모든 보살에게 예배한다.

넷째, 승가에 대한 예배다.

석가모니불의 제자인 가섭 존자, 아난 존자, 사리불 존자, 목련 존자, 가전연 존자, 빈두로파라타 존자에게 예배한다. 그리고 '진시방삼세일체현성승盡十方三世一切賢聖僧'이라 하여 예배의식을 마친다.

이러한 자운 율사의 예배법은 현재의 한국불교와 일맥상통한다. 대한불교조계종은 선종을 표방하지만 통불교적인 신앙으로서 아침저녁으로 예배를 행할 뿐만 아니라 각종 기도와 불공, 재齋의식 등을 수용하고 있다. 조석 예불에는 석가모니불부터 시작하여 시방삼세 일체제불, 일체법, 보살, 일체승가를 열거한다.

자운 율사는 처음 석가모니불에 대한 예배에 이어서 아미타불에 대한 예배를 집중적으로 하게 한 후 거론하지 못한 '진시방삼세 일체제불'에 예배하게 하였다.

다음은 정토삼부경을 하나하나 거론하면서 예배한 뒤, 경전의 이름을 미처 다 거론하지 못한 '진시방삼세일체법'에 대해 예배하고, 극락세계의 보살과 현세에 생존했던 보살 등 일체보살, 석존의 제자와 일체승가에 대해 예배하는 형식을 취하고 있다.

《정토예경》의 예찬 게송의 내용을 살펴보면 다음과 같다.

첫 번째 찬탄의 게송을 보면 아미타불의 공덕장엄을 "빛나신 얼굴 우뚝하시고 위엄과 신통 그지없으니"라고 시작하여 아미타부처님께서 모든 중생을 제도하신다고 찬탄하고 있다.

두 번째 게송은 시방세계에서 오는 중생들이 정토의 공덕장엄을 누리는 것과, 예경하는 수행자의 서원을 부처님이 증명하여 성취하기를 바라는 것이 주된 내용이다.

세 번째 게송은 시방의 모든 보살들과 대중들이 아미타불을 친견하고 공양하며 정토 공덕장엄을 누리는 것 등이다.

네 번째 게송은 정토에 왕생해야 하는 이유를 찬탄하고, 정토법문을 믿는 공덕이 얼마나 수승한가를 찬탄한다. 그리고 이 게송은 염불 행자가 스스로 다음 세상에는 반드시 부처가 되어 일체중생을 제도하겠다는 원을 세우고 있다.

예배를 다 한 후에는 마지막으로 "바라오니 서방정토에 나되 상품 연꽃을 부모로 삼고, 부처님을 뵈옵고 무생법인 이루어, 불퇴전 보살과 도반되어지이다"라고 회향하고 있다.

정념게란 정토왕생을 원하오니 부디 정토세계를 보여주십사 청하는 게송이다.

찬불게란 아미타부처님의 모습을 찬탄하는 게송이다.

이 게송이 끝난 다음 아미타불 정근을 한다. 염불 정근의 횟수나 방법은 각자 상황에 따라 알맞게 하면 된다.

회향게는 정토에 태어나서 무생법인을 얻고 사바세계에 되돌아와 일체중생을 건지겠다고 발원하는 내용이다. 수행자에게 회향의 다짐은 반드시 필요하다. 나와 남이 하나인 세계가 정토세계며, 회향 자체가 스스로 부처가 되고자 하는 대승보살이 실천해야 할 보살도이기 때문이다.

(2) 약식으로 할 경우

염불 수행자는 자운 율사가 《정토예경》에서 제시한 절차에 따라 염불 수행을 하거나, 혹은 각 사찰이나 염불 신행단체의 절차에 따라 염불 수행 의식을 정하여 수행하는 것이 바람직하다.

그러나 개별적으로 수행하거나 가정이나 직장에서 하는 경우에는 이러한 의식을 모두 갖추기 어렵다. 이럴 때에는 약식으로 염불 수행 의식을 행하여 수행할 수 있다. 약식 절차는 다음과 같다.

① 사성례四聖禮
② 발원發願
③ 정념게正念偈
④ 찬불게讚佛偈
⑤ 정근精勤
⑥ 회향게廻向偈

사성례란 네 분의 성인에게 예배하는 절차다. 아미타부처님, 좌보처인 관세음보살님, 우보처인 대세지보살님, 그리고 극락정토에서 아미타불의 교화를 돕는 대승보살들에게 예경하는 것이다.

그 후 발원하는 의식을 한다. 발원이란 염불 수행자가 스스로 원을 세우는 것을 말한다. 사홍서원을 꼭 지키겠다는 다짐을 하고 개인적인 소망을 발원한다.

때에 따라서는 이러한 약식 의식조차 하기 어려울 수 있다. 그럴 때는 아미타부처님의 명호를 염불하는 정근만 해도 무방하다. 정근을 하면서 이러한 의식을 마음속에 새겨 보면 될 것이다.

2
염불 수행자의 마음가짐

염불하는 수행자는 어떤 마음가짐으로 수행해야 할까?

서산 스님은 "염불이란 입으로 하면 송불誦佛이요, 마음으로 하면 염불念佛이다. 입으로만 부르고 마음으로 생각하지 않으면 도를 닦는 데 아무 도움이 되지 않는다"라고 하였다.

지극하고 진실하며 간절한 마음으로 부처님을 염하는 것이 바로 염불 수행이라는 말이다. 염불을 통하여 누구나 정토에 왕생할 수 있는 것은 사실이지만, 그렇다고 해서 마음이 없이 입으로만 하는 염불은 큰 효과가 없다는 것이다.

또한 염불하는 사람이 해서는 안 될 행동을 한다든가, 거짓말이나 악한 말을 거침없이 한다면 진정한 염불 수행자라 할 수 없다. 혹 이런 잘못된 행동을 했다면 참회하는 것이 바람직하다.

염불 수행자가 꼭 지녀야 할 네 가지 마음가짐이 있다.

첫째, 염불 수행자는 신심을 가지고 염불해야 한다.
모든 부처님이나 보살님들은 본원本願이 있다. 본원에는 사홍서원과 같은 총원總願도 있고, 아미타불의 48원, 약사여래불의 12원 같은 별원別願도 있다.

총원이란 모든 부처님과 보살님들이 공통적으로 세우는 원을 말한다. 또한 불자라면 누구나 세워야 하는 원이기도 하다. 사홍서원은 대표적인 총원이다. 별원은 한 부처님이나 한 보살님이 세운 개개의 원을 말한다. 그래서 별원은 부처님이나 보살님에 따라 차이가 있다.

염불을 할 때는 염불하는 부처님이나 보살님이 세운 별원에 대한 믿음을 지녀야 한다.

《화엄경》에서는 '믿음은 만 가지 공덕의 어머니'라고 했다. 이 말에 비추어 보건대 부처님과 부처님의 본원력에 대한 믿음이 없이 염불하는 것은 한갓 수고로움에 지나지 않을 것이다.

이 사바세계를 살아가는 데 꼭 필요한 것 가운데 하나가 상대에 대한 믿음이다. 믿음을 기반으로 인간관계를 이루고 가정과 이웃을 형성하며 사회와 국가를 건설하는 것이다. 믿음이 존재하지 않는다면 인간관계는 물론 사회도 형성될 수 없다. 믿음이 없으면 세상에는 개인 간의 대립은 물론 사회 전체에 반목과 불신이 가득

할 것이다.

일상생활에서도 이렇게 믿음이 중요한데, 부처가 되는 수행을 하고 극락정토에 나기를 바라면서 부처님과 그 본원력에 대한 확고한 믿음을 지니지 못한다면 어떻게 되겠는가? 견고한 믿음으로 염불할 때 성취가 빠른 것이다.

믿음은 염불 수행의 시작이자 끝이다. 아미타부처님께 의지하여 정토에 왕생하는 것을 목적으로 하는 정토신앙에서 확고한 믿음이 없다면 수행에 진전이 없을 것이다. 그러기에 많은 경전에서 한결같이 신심을 강조하고 있는 것이다.

《유마경》에서는 다음과 같이 말하였다.

> 서방정토에 가고자 하면 신심이 깊고 견고해야 하나니 정토의 항하사 부처님들은 정토를 바르게 믿은 분들이다.
>
> – 《유마경》

《정토지귀집淨土指歸集》에 따르면 영명 연수 선사 역시 선과 염불을 함께 닦아야 한다고 신심의 중요성을 밝히고 있다. 연수 선사는 이 책의 〈염불사료간念佛四料簡〉에 있는 사구게에서 "정토에 왕생하려면 진심으로 믿어야 하나니, 천 사람이 믿으면 천 사람이 왕생하고 만 사람이 믿으면 만 사람이 왕생한다"라고 하였다. 또한 《종

경록(宗鏡錄)에서는 "믿지 않는 사람은 천불千佛이라도 구제할 수 없다"라고 하여 신심의 중요함을 역설하였다.

중국에서 정토사상을 크게 발전시킨 선도 대사는 염불 수행자가 갖추어야 할 세 가지 덕목으로 지성심至誠心[6], 심심深心[7], 회향발원심廻向發願心[8]을 들었다.

지성심이란 모든 일의 성사 여부를 아미타부처님께 맡기고 몸으로는 오롯이 아미타불에게 예배하고, 입으로는 오롯이 아미타불의 명호를 부르며, 마음으로는 오롯이 아미타부처님을 깊이 관하면서 믿는 것을 말한다. 그리고 정토에 왕생하여 성불할 때까지 뒤로 물러나지 않는 마음을 말한다.

심심은 신법信法과 신기信機로 나눌 수 있다. 신법이란 법에 대한 믿음을 말하고, 신기란 근기에 따른 믿음을 말한다. 여기에는 말법시대의 하근기 중생에게는 정토신앙이 바람직하다는 선도 대사의 가르침이 깔려 있다.

신법은 아미타부처님의 48원이 중생을 구원하는 원임을 확고하게 믿고, 우리가 부처님의 명호를 열 번만 부르면 왕생할 수 있다는 것을 철저히 믿으며 염불하는 것이다. 말 그대로 법에 대한 믿음

---

6. 진실로 정토를 원하는 마음이다.
7. 깊이 정토를 원하는 마음이다.
8. 회향하여 닦는 공덕으로 정토왕생을 원하고 구하는 마음이다.

이다.

신기는 말법시대 중생의 능력이 하근기라는 것과 우리가 죄악을 많이 지으며 끊임없이 생사를 윤회해 온 중생이라는 것을 자각하는 것이다. 지금 이 세계는 부처님이 계시지 않는 무불시대無佛時代이며, 중생들의 근기가 나약한 말법시대다. 또 사방이 어지러운 오탁악세五濁惡世9의 시대다. 이러한 한계에 대해 자각하고 그 해결 방법으로써 아미타부처님과 정토에 대한 신심을 굳게 갖는 것이다.

서방정토와 아미타부처님의 본원력에 대한 견고한 믿음과 근기에 대한 자각을 통해 정토신앙에 철저히 귀의하고 지성심으로 염불 수행하는 것이 염불 수행자가 갖추어야 할 첫째 조건인 것이다.

둘째, 염불 수행자는 서원을 세워야 한다.

서원이란 수행자의 생명이다. 서원은 수행자가 신명을 바쳐 수행하는 데 있어서 방향을 제시하기도 하고 중요한 목적이 되기도 한다. 염불 수행자라면 현생과 내생에 걸쳐 큰 서원을 세우고 이 서원을 실천해 나가야 한다. 그럼으로써 신심이 더욱 증장되고 수행 역시 깊어지게 된다.

염불 수행자의 서원이란 무엇보다도 정토왕생을 위한 원일 것

---

9. 세상의 다섯 가지 더러움 – 명탁命濁, 중생탁衆生濁, 번뇌탁煩惱濁, 견탁見濁, 겁탁劫濁
 – 으로 가득 찬 죄악의 세상, 즉 말세를 달리 이르는 말이다.

이다. 40권본 《화엄경》의 〈보현행원품普賢行願品〉에서는 이렇게 말하고 있다.

> 이 사람이 임종하는 최후의 찰나에 온갖 근根이 모두 흩어져 망가지고, 모든 친족들이 떠나고, 모든 세력을 잃어버리고 코끼리·말·수레·보물들이 하나도 따라오지 못하나, 이 원력만은 떠나지 아니하여 어느 때나 항상 그 앞을 인도하여 한 찰나에 극락세계로 왕생하게 한다.
>
> - 《화엄경》〈보현행원품〉

이는 즉 원력에 의지하여 정토에 왕생하게 된다는 것이다.

사람의 목숨은 한낮의 태양빛에 금방 사라져버리는 풀끝에 매달린 아침이슬과 같다. 세상에서 더없이 존귀한 것이 생명이지만, 무수한 생애를 윤회전생輪廻轉生하는 우리들의 일생이란 사실 찰나지간에 불과하다. 그러한 찰나의 생애를 살면서 아귀다툼을 하고 번뇌와 탐심에 휩싸여 본성을 잃고 헤매며 고통 속에 사는 것이 중생의 모습이기도 하다.

그러므로 이 삼계三界의 화택火宅에 거듭 나고 죽는 고통을 싫어하고 극락세계에서 영원히 무상보리의 기쁨을 누리기를 염원하는 것이다. 그러자면 이 현생의 삶에서 선업을 짓고, 그 공덕을 모두 회향하여 정토에 나기를 간절히 발원해야 한다. 그 원력의 힘으로 한 찰나에 극락에 나게 되는 것이다.

그렇기 때문에 아미타부처님 앞에 엎드려 염불의 공덕으로 정토에 태어날 수 있기를, 아미타부처님 본원력으로 정토왕생하여 무생법인無生法忍을 증득할 수 있기를 간곡히 발원해야 한다. 이것이 염불 수행자의 서원이다.

정토에 왕생하기를 바라며 이렇게 서원하고 염불한 공덕으로 현생의 삶에서는 기쁨과 안락을 누리고, 마침내 정토의 연화대에 태어날 수 있게 되는 것이다.

바로 이것이 앞에서 선도 대사가 말한, 정토 수행자가 마땅히 갖추어야 할 세 가지 덕목 가운데 하나인 회향발원심이다. 자신은 물론 다른 사람이 금생 및 과거생에 심고 쌓은 모든 선근과 선업을 기뻐하며 그 선근과 선업 공덕을 일체중생의 정토왕생에 회향하는 것이다.

현생의 삶 속에서 매일 쌓은 크고 작은 선업의 공덕, 아미타부처님께 예배하고 염불한 공덕, 남에게 베풀고 이롭게 한 공덕, 이 모든 공덕을 하나도 남김없이 정토왕생의 발원에 회향하여 마침내 나와 남이 함께 극락에 왕생하여 아미타부처님을 친견하고 무생법인을 증득하는 것이다.

자기 혼자 극락왕생하기를 바란다면 수행자가 아니다. 일체중생이 다 함께 왕생하기를 바라는 것이 염불 수행자가 마땅히 지녀야 할 정신이며, 대승의 보살도를 실천하는 것이다. 이것을 담란 대사는 왕상회향往相廻向이라 하였다.

또한 극락세계에 왕생하여 그 안락함을 혼자 누리지 않고 그곳에서 수행하여 이룬 공덕을 가지고 고통받는 세계에 다시 나서 일체중생을 대원력으로 구제하는 것을 환상회향還相廻向이라 하였다. 이것이 염불 수행자의 서원이며 동시에 대승보살의 서원이다.

이러한 서원의 정신이 아미타불을 염하는 염불 수행자의 가슴에 깃들어 있을 때 염불은 타력에만 의지하는 신앙이 아니라 스스로 일체중생의 구제를 위해 원력을 세우고 수행자의 길을 걷는 보살의 주체적 수행이 된다.

셋째, 염불 수행자는 계를 지키며 염불해야 한다.

무릇 염불 수행자는 몸과 마음을 청정히 해야 한다. 불자로서 마땅히 배워야 할 세 가지 덕목은 계戒·정定·혜慧 삼학三學이다. 삼학의 으뜸이 계율이다. 계율을 지키지 않으면 선정력을 얻을 수 없고 지혜를 밝힐 수 없다. 계를 지키지 않고 몸과 마음이 청정하지 못할 때 어떻게 수행이 가능하겠는가? 계를 지키는 것[持戒]은 모든 수행자의 기본이다. 이 계를 지킴으로써 몸과 마음이 청정해진다.

출가자라면 더욱 엄격한 지계의 정신을 지녀야 하고, 재가자라 할지라도 최소한 삼귀의계와 오계는 지켜야 한다. 이러한 계행戒行 속에서 수행이 이루어져야 한다.

지계는 악행을 방지하고 선업을 짓게 한다. 염불 수행자가 계행을 소홀히 하고 정토에 왕생하기를 원한다면 이것은 마치 모래를 쪄서 밥을 짓고자 하는 것과 같을 것이다.

지계는 신身·구口·의意 삼업을 청정히 하는 데서 출발한다. 중생들은 행동과 말 그리고 생각으로 십선十善을 짓기도 하고 십악十惡을 짓기도 한다. 선업을 많이 지으면 현생과 내생이 행복하고 극락이나 천상에 나며, 악업을 많이 지으면 현생은 괴롭고 내생에는 지옥 등 삼악도에 떨어지게 된다. 삼악도에 떨어지면 고통이 심한 것은 물론 불법을 공부하기도 어렵다.

신업身業은 몸으로 짓는 업이다. 염불 수행자는 몸으로 다른 생명을 죽인다든지, 남의 물건을 훔친다든지, 사음을 한다든지 하는 악행을 하지 않아야 한다. 또 죽어가는 생명을 가엾이 여겨 살려주고 남에게는 언제나 너그럽게 베풀며 보시해야 한다. 이렇게 몸으로 실천하며 염불할 때 극락세계에 왕생하는 업이 더욱 성숙된다.

선업을 많이 지으면 그 복력으로 즐거움이 많은 천상에 태어나기도 한다. 그러나 천상에서는 그 즐거움에 도취되어 불법을 공부하고자 하는 마음을 잃게 될 뿐만 아니라 그 복력이 다하면 윤회하는 육도의 다른 세계로 떨어져 다시 고통받게 된다. 그렇기 때문에 염불 수행자는 부처님 법이 있는 곳에 태어나 그 법을 배우고 실천할 수 있기를 원해야 한다. 그러기 위해서 가장 좋은 방법은 아미타불의 국토에 태어나고자 염불하는 것이다. 극락세계는 부처님의 가르침이 항상 있을 뿐 아니라 물러남이 없고 아미타부처님의 본원력에 의해 반드시 성불할 수 있는 곳이기 때문이다.

염불 수행자가 극락정토에 왕생하여 아미타부처님을 친견하면 몸의 나쁜 업이 모두 녹고 해탈하게 된다.

구업口業은 입으로 짓는 업이다. 담란 대사는 구업을 함부로 지으면 혀가 뽑히는 고통을 받고, 벙어리, 귀머거리 등이 되어 부처님의 법을 들을 수도 없고 말할 수도 없게 된다고 하였다.

이런 무거운 과보까지 말하지 않더라도, 일상생활 속에서 짓는 구업은 인간관계를 해치고 서로간의 믿음을 파괴한다. 그래서 일찍이 부처님께서는 사람들에게 구업을 경계하라고 가르치셨다.

《법구경》의 〈언어품言語品〉에서 다음과 같이 구업이 서로를 파괴하는 행위임을 알려주셨다.

> 나쁜 말과 꾸짖는 말, 교만한 마음으로 남을 업신여기는 이런 짓을 자꾸 행하면 거기에서 미움과 원한이 생긴다.
>
> - 《법구경》 〈언어품〉

구업은 다른 사람이나 인간관계만을 파괴하는 것이 아니다. 결국은 그 과보로 자신을 해롭게 한다. 그래서 《법구비유경》에는 이런 말도 있다.

무릇 사람이 세상에 나면 그 입 안에 도끼가 있어
그것으로 제 몸을 베나니, 그것은 나쁜 말 때문이
라네.

- 《법구비유경》

입으로 어떤 말을 어떻게 하느냐에 따라 선업이 되기도 하고 악업이 되기도 한다. 염불 수행자는 거룩한 부처님의 명호를 부르는 그 입으로 악한 업을 짓지 않아야 한다. 입으로는 악업을 지으면서, 정토왕생을 구하여 아미타부처님의 명호를 천만 번이나 외운다고 할지라도 무슨 소용이 있겠는가.

《법구경》에서는 "공손한 말과 순한 말로 다른 사람을 높이고 공경하며 원한을 버리고 악을 참으면 미움과 원망이 저절로 없어지리라"고 하였다.

이렇듯 염불 수행자는 생활 속에서 선한 구업을 지으려고 노력하며, 아울러 정토왕생을 위해 염불을 통한 선업도 지어야 한다. 즉 부처님의 가르침과 진리를 찬탄하며 부처님의 명호를 부르고, 다른 이들에게 그 법을 전함으로써 정토에 왕생할 선업공덕을 짓는 것이다.

의업意業은 마음과 생각으로 짓는 업이다. 탐貪·진瞋·치痴 삼독심三毒心이 바로 의업이다. 탐진치는 탐내는 마음, 성내는 마음, 어리석은 마음을 일컫는 말이다. 부처님은 이런 마음이 독과 같다고 하였다. 삼독심으로 말미암아 번뇌와 고통이 생겨난다. 염불 수행자는 이 삼독심을 영원히 여의려고 노력해야 한다.

일체유심조一切唯心造는 불교의 핵심이다. 세상의 모든 것은 마음이 짓는 것이라는 뜻이다. 우리가 마음과 생각을 어떻게 쓰느냐에 따라서 선업을 짓기도 하고 악업을 짓기도 한다.

따라서 염불 수행자라면 생각 생각이 선하고 바른 데 머물며, 진리를 구하고 정토왕생을 바라며, 맑고 청정하게 아미타부처님을 염해야 한다. 부처님의 대자대비심을 닮아 그 마음과 생각이 모두 나와 남에게 이로우며 선업이 되어 정토발원에 회향되고, 마침내 자타가 함께 왕생하여 성불을 이루도록 해야 한다.

의업意業이 바르기 위해서는 정견正見에 의지해야 한다. 어떤 사람들은 그릇된 견해를 가지고 바른 것을 오히려 그르다 하고, 진리가 아닌 것을 진리라고 고집하기도 한다. 불법佛法은 진리에 대한 가르침이다. 염불 수행자는 바른 생각을 가지고 바르게 판단하여 바른 도를 따라 부처님이 설하신 진리를 실천해야 한다.

어떤 사람이든 염불하여 부처님의 광명을 만나거나 아미타부처님의 평등한 의업에 대한 이야기를 듣기만 하여도 자연히 나쁜 의업이 소멸된다고 하였다.

신身·구口·의意 삼업을 맑고 청정히 하는 것이 바로 수행이며 지계다.

중국의 가재迦才[10] 대사는 《정토론》에서 계율을 지키며 염불할 것을 강조하였다.

> 모름지기 지계를 청정히 하여 오로지 부처님의 명호를 염하는 데 산란하지 않고 일심으로 백만 번에 이르면 임종 시에 정념正念이 현전하고 부처님의 영접을 받는다.
>
> – 《정토론》

염불 수행자가 정토에 왕생하기 위해서는 맑은 계행이 반드시 필요하다는 예를 《삼국유사》에서도 발견할 수 있다.

> 신라 문무왕 때에 광덕光德과 엄장嚴莊이라는 염불 수행자가 있었다. 두 사람은 사이가 매우 좋아 먼저 극락세계에 가는 사람이 뒷사람에게 알려주기로 약속하고 열심히 염불하였다.
> 광덕은 경주 분황사 서쪽 마을에서 은거하면서 신을 삼는 일을 업으로 하고 아내를 두고 살았고, 엄

---

10. 가재迦才 : 중국 당나라 정관(627~649)때에 장안의 홍법사에 있으면서 정토교淨土敎를 넓혔다. 저서로는 《정토론》 3권이 있다.

장은 남악南岳에 있으면서 농사를 지으면서 살았다. 하루는 석양볕이 산마루에 걸쳐 있을 때 광덕이 창 밖에서 "나는 벌써 극락에 갔으니 그대는 잘 지내다가 속히 나를 따라 오너라" 하는 소리가 들렸다. 엄장이 이 소리를 듣고 광덕이 사는 곳에 가보니 광덕은 이미 죽은 뒤였다.

장례를 마친 후 엄장은 광덕의 아내를 보고 광덕이 죽었으니 나와 같이 살면 어떠냐고 물으니 광덕의 아내는 좋다고 하였다. 자기 집에서 광덕의 아내와 같이 살게 된 엄장은 어느 날 밤에 광덕의 아내와 정을 통하려고 하였다. 이때 광덕의 아내는 정색을 하고서 말했다.

"내가 광덕과 10여 년을 살았지만 한 번도 같이 자본 일이 없습니다. 남편은 오로지 낮에는 짚으로 신발을 삼으며, 아미타불을 외웠고, 밤이 되면 단정히 앉아 한결같이 염불 수행으로 날을 새웠습니다."

이 말에 엄장은 크게 깨달은 바가 있어 염불 수행을 지극히 하여 정토왕생 할 수 있었다.

— 《삼국유사》권5 〈광덕엄장〉조

《삼국유사》에 나타난 광덕과 엄장의 일화를 통해 옛 시절의 염불 수행자가 얼마나 계를 철저히 지켰는지 짐작할 수 있다.

넷째, 염불 수행자는 정심定心**으로 염불해야 한다.**
부처님의 명호를 부를 때는 산란한 마음을 가라앉혀 오로지 한결 같은 마음으로 해야 한다. 입으로 부처님의 명호를 부른다 해도 다른 여러 가지 생각으로 그 마음이 어지럽다면 제대로 된 염불이라고 할 수 없다. 일심불란一心不亂한 염불을 해야 한다.

담란 대사는 일심불란한 염불을 하려면 진실하게 칭명염불을 해야 한다고 했다. 진실한 칭명염불을 위해서는 순심淳心, 결정심決定心, 상속심相續心의 세 가지 마음을 갖추어야 한다.

순심이란 한자의 뜻 그대로 순박하고 순수한 마음으로 다른 의심이 전혀 없는 마음이다. 어떤 때는 신심이 있고 어떤 때는 의심을 하여 반신반의하는 것이 아니고, 부처님을 오롯이 믿어 의심 없는 신심을 갖는 것을 의미한다.

결정심은 그 마음과 힘을 오로지 한 가지 일에만 쏟아 붓는 전일專一한 마음을 일컫는다. 즉 마음속으로 의심하여 결정하지 못하는 것이 아니고, 또 이에 대해 여러 가지 다른 생각을 내지 않고 오로지 부처님 생각에 몰입[專注]한 확고부동한 마음의 상태다.

상속심이란 신심이 두텁고 전일하여 아무런 의심도 없이 결정된 마음이 계속 이어지는 것을 말한다.

이 세 가지 마음이 원만하게 갖추어진 염불이 정심의 염불이다. 모름지기 염불 수행자는 산심散心의 염불이 아닌 정심의 염불을 해야 한다.

신심이 순박하고 두터우면 능히 순심이 결정되고, 순심이 결정決定되면 신심이 필연적으로 상속相續된다. 그렇기 때문에 염불하는 사람은 순심과 결정심, 그리고 상속심이 따로따로 있는 것이 아니라 동시에 서로 간에 연결고리가 성립되어야만 진실한 칭명염불이 되고, 정심의 염불이 되기 때문에 이러한 마음을 갖추어 염불하려고 노력해야 한다.

담란 대사는 위와 같이 결정된 마음으로 염불하느냐 그렇지 않느냐에 따라 유후심有後心과 유간심有間心, 무후심無後心과 무간심無間心으로 나누어 설명하고 있다.

한 번 실패한 사람이 '다음에 하면 되겠지' 하는 느긋한 마음으로 일을 자꾸 뒤로 미루는 것을 유후심이라 하고, 어떤 일을 추진함에 있어서 그 일에 매진하지 않고 자주 다른 견해를 가지며 머뭇거리는 것을 유간심이라 하였다.

반면 염불하는 사람이 십념十念[11]을 구족하여 일을 뒤로 미루지 않고 지금 하지 않으면 안 된다는 굳은 의지로써 꾸준히 추진하는

---

11. '나무아미타불'의 명호를 열 번 외는 일이다.

것을 무후심이라 하였고, 어떤 일을 행함에 있어 다른 견해를 일으키지 않고 순수하게 실행하는 마음으로 전념하는 것을 무간심이라 하였다.

염불 수행자는 무후심과 무간심으로 수행해야 한다. 무후심과 무간심을 간직하고 수행해서 얻는 공덕은 이루 헤아릴 수 없이 많다. 그러나 무후심과 무간심으로 염불하는 것은 그리 쉬운 일이 아니다.

회감懷感12 법사는 염불 수행을 정심염불定心念佛과 산심염불散心念佛로 구별하였다. 정심염불은 일심으로 삼매에 드는 염불이고, 산심염불은 흐트러진 마음으로 하는 염불이다. 회감 법사는 정심염불은 근기가 날카로운 수행자가 하는 염불이고, 산심염불은 둔한 근기의 사람이 수행하는 염불이라 하였다.

그러나 어떤 사람이든 대개 처음에는 정심염불이 되지 않을 것이다. 그러므로 유후심과 유간심이 있는 산심염불에서 시작하여 차차 수행이 깊어져 정심염불로 바뀌는 것이다.

영명 연수 선사는 중국 법안종法眼宗의 선사이면서도 참선하는 수좌들에게 정토 수행을 적극적으로 권장했다.

---

12. 회감懷感 : 중국 당나라 선도善導의 제자로, 정토문의 사람으로 일생을 보냈으며 입적할 때 화불의 내영을 받아 서쪽을 향하여 합장하고 왕생하였다. 저서로는 《석정토의론釋淨土疑論》7권이 있다.

산란한 마음으로 염불하는 것이나 적은 음성으로
찬탄하는 것이나, 손가락으로 성상聖像을 그리는
것이나 모래를 모아 탑을 쌓는 일 등 보잘것없는
이런 선행일지라도 점점 공덕을 쌓게 되면 모두
불도佛道를 이룬다.

― 《만선동귀집》중권

    이것은 오로지 정심으로 하는 염불이 공덕이 많고 좋은 선근이
지만, 중근기나 하근기인 사람은 정심으로 염불할 수 없기 때문에
산심염불도 불도를 이루는 공덕이 된다고 하여 산심염불을 권한
것이다. 다시 말하면 연수 선사는 산심염불이 소선근小善根이지만
헛되지 않아서 정토에 왕생할 수 있고, 언젠가 불도를 이룰 수 있다
고 하였다.
    염불 수행은 고요한 마음으로 하는 것이 가장 바람직하지만,
산란한 마음으로 하는 염불이 공덕이 없는 것이 아니다. 산란한 마
음으로 염불을 하더라도 그 염불을 통하여 고요한 상태에 이를 수
있다. 처음부터 고요한 상태로 염불하지 못하더라도 체념하지 말
고 지속적으로 노력하는 것이 중요하다.

3
염불 수행할 때의 주의사항

염불 수행을 할 때 주의해야 될 점은 무엇일까?

바른 마음가짐으로 염불 수행에 임했더라도 본격적으로 수행을 하다 보면 상황에 따라 당황하게 되는 경우가 있다. 이럴 때는 스승과 지도자에게 바른 길을 물어 안내를 받아야 한다.

염불 수행 할 때 주의해야 할 사항을 몇 가지 살펴보자.

첫째, 장소에 따라 염불 소리를 달리 한다.

부처님의 명호를 부르는 칭명염불을 할 경우에는 장소나 시간에 따라 고성염불高聲念佛, 저성염불低聲念佛, 묵념염불默念念佛 중 하나를 택해 염불해야 한다.

예를 들어 사람이 많은 곳이나 공공장소에서 큰 소리를 내어 염불을 하면 남에게 피해를 준다. 그래서 이럴 경우에는 저성염불을 하든지, 입술만 움직이거나 마음속으로 염불하는 것이 바람직하다. 반면 집안에 혼자 있고 기운이 좋을 때, 혹은 법당에서 여럿이 할 경우 큰 소리로 염불을 하면 좋다.

둘째, 부처님을 염할 때는, 염하는 부처님이 계시는 곳을 향해서 한다.

염불은 구체적으로 부처님을 그리면서 해야 한다. 아미타불을 염하는 사람은 아미타부처님이 계시는 서방정토를 생각하며 서쪽을 향해 염불해야 한다. 약사여래불을 염하는 사람은 동쪽을 향해서 염불하고, 육방六方의 부처님을 염하는 사람은 육방을 돌아가면서 하는 것이 좋다.

이것은 보다 간절한 마음을 내도록 하기 위함이다. 서방의 극락세계에 아미타부처님이 계시니 몸을 서쪽으로 향하여 예배하며 염불하면 그 마음이 더욱 간절하고 진실해질 것이다.

만약 이렇게 하지 못할 때는 방위에 관계없이 집안의 깨끗한 곳에 부처님을 모셔 놓고 향을 사르면서 그곳을 향하여 염불하면 된다. 아무것도 없는 허공을 향하여 염불하는 것보다는 부처님을 보면서 하는 염불이 일심염불一心念佛이 되기 쉽다.

셋째, 목탁·요령·북을 칠 때는 박자를 잘 맞춘다.

수행자들이 모여서 함께 염불을 하는 경우 목탁이나 요령 혹은 북을 치면서 하게 된다. 이때 목탁과 요령, 북을 치는 소리가 염불 소리와 조화를 잘 이루어야 한다. 조화롭고 아름다운 염불 소리는 가슴 깊은 곳에서 저절로 환희심과 신심이 우러나게 한다.

만약 목탁 소리는 목탁 소리대로 요령 소리는 요령 소리대로 북 소리는 북 소리대로 염불 소리는 염불 소리대로 제각기 달라 조화를 이루지 못한다면 이것은 하나의 잡음에 불과하므로 조화를 이루도록 노력해야 한다.

기구를 사용하여 염불할 때는 반드시 주위 환경을 고려해서 행하고, 소음으로 인해 남에게 피해를 주지 않도록 주의해야 한다.

넷째, 염불할 때는 간절한 마음으로 해야 한다.

염불 수행자는 잡념이 없이 일심으로 염불해야 한다. 그 일심이 어느 때든 흐트러짐 없이 지속되는 염불이어야 한다.

염불 수행자는 마치 멀리 떠난 부모를 그리워하듯이 애절하고 지극하게 정성스러운 마음으로 염불해야 한다. 또한 머리에 붙은 불을 끄듯, 원수가 칼을 들고 쫓아올 때 피하듯, 사방에 불이 붙어 타오르는 집에서 뛰쳐나오듯이 절박하게 해야 한다. 또한 굶주릴 때 밥 생각하듯, 목마를 때 물을 구하듯, 죽을병에 걸렸을 때 어진 의원을 찾아 약을 구하듯이 간절하게 해야 한다. 그리고 어미닭이

알을 품듯 꾸준하고 정성스럽게 부처님을 염해야 한다.

다섯째, 염불할 때는 몸가짐을 단정히 해야 한다.
염불 수행을 할 때는 불보살님이 바로 눈앞에 계신 듯이 몸가짐과 자세를 단정히 해야 한다.
출가자가 법당에서 염불을 할 때는 가사와 장삼을 수하고 염불하는 것이 바람직하며, 방에서 할 때는 평상시의 옷을 단정히 입고 하면 된다. 재가자는 여법한 법의가 있다면 입고, 그렇지 않으면 평상복을 단정히 입고 하는 것이 좋다.
염불을 할 때의 자세는 허리를 곧게 펴고, 서거나 무릎을 꿇거나 가부좌를 하고 앉아서 하면 된다. 손은 합장 자세를 유지하는 것이 좋다.
그러나 몸이 아픈 사람, 장애가 있는 사람, 여타의 어려움이 있는 사람은 굳이 이렇게 하지 않아도 된다.

여섯째, 염불하는 장소에 구애받지 않고 해야 한다.
염불하는 장소는 고요하고 주위가 산만하지 않은 곳이 가장 좋다. 산란하지 않고 조용한 곳에서 염불을 하게 되면 염불 삼매에 쉽게 들어갈 수 있을 것이다.
그러나 일상생활을 하다 보면 조용하고 주위가 산만하지 않은 곳을 찾기가 쉽지 않다. 그러므로 장소나 주변의 여건에 관계없이 염불에만 전념할 수 있도록 평소에 집중력을 기르고, 장소에 구애받지 않는 습관을 익히는 것이 필요하다.

초심자의 경우에는 조금이라도 더 고요한 곳을 찾아서 염불을 하는 것이 필요하다. 그래서 수행이 점차 익숙해지면 다소 번잡한 곳에서 염불을 하더라도 산란하지 않아 일심염불을 할 수 있을 것이다.

일곱째, 망상이 일어나더라도 염불 수행을 계속해야 한다.

염불 수행을 하다 보면 일심이 잘 이루어지지 않고 망상이 자꾸 일어날 때가 있다. 이때, 염불하기 힘들고 신심이 떨어져 중도에 수행을 그만두는 경우도 있다. 그러나 망상이 치성熾盛하게 일어나더라도 염불 수행을 그만두어서는 안 된다.

염불 수행뿐만 아니라 참선이나 주력 등 다른 수행을 하는 사람들도 대부분 망상이 일어난다. 수행 도중 망상이 떠오르는 것은 지극히 자연스러운 현상이다. 망상은 무명과 번뇌에 의해 일어나기 때문에 이것을 아주 끊어버린 부처님의 경지가 아니면 일어날 수밖에 없다.

《관무량수경》에서 극락세계에 하품하생으로 왕생한 자들은 망상을 끊지 못한 범부며, 근기가 하열下劣한 사람으로 죄악을 많이 지은 사람들을 말한다. 그런데 이러한 사람들이라도 아미타불의 명호를 부르고 염불하면 반드시 극락정토에 왕생할 수 있도록 발원한 것이 아미타부처님의 본원이다. 망상이 일어난다고 부담스러워하지 말고 망상이 일어나기 때문에 오히려 염불 수행을 해야 하는 것이다.

극락왕생을 기록한 영험록靈驗錄에는 망상을 다 끊지 못한 범부가 지극 정성으로 염불하여 왕생하였다는 기록이 많이 보인다. 평소에 믿음과 서원이 견고하여 생각마다 물러나지 않으면, 부처님의 본원에 부합하므로 아미타부처님이 거두어주시는 것이다.

염불하는 사람이 망상이 있더라도 극락정토에 왕생할 수 있는 것은, 그믐밤에는 구름이 없더라도 밝은 달빛을 받을 수 없지만 맑은 날에는 구름이 조금 있더라도 햇빛이 퍼져서 사람들이 일할수 있는 것과 같은 이치다. 염불을 하면서 망상이 생기더라도 결코 중단하지 말고 염불 수행을 계속해야 한다.

4
실천방법에 따른 염불

우리는 어떻게 염불 수행을 효과적으로 실천할 수 있을까?
초심자의 경우, 어떻게 염불을 해야 중간에 포기하지 않고 염불을 지속적으로 해 나갈 수 있을까? 또 일상생활이나 다양한 환경에서 어떻게 염불을 실천 수행해야 마음의 안정을 얻고 염불 행자로서 신심을 굳게 다지며 수행의 진전을 가져올 수 있을까?
우리들이 어떠한 방법으로 염불을 해야만 염불 수행을 잘 해낼 수 있는지, 경전과 실제에 근거하여 그 방법론을 제시하고자 한다.
염불 수행은 실천방법에 따라 기일염불, 시간염불, 수량염불, 절하면서 하는 염불, 일상 속에서의 염불, 단계별로 하는 염불로 나누어 볼 수 있다.

1) 기일 염불

기일 염불期日念佛은 날짜를 정해 놓고 염불하는 방법이다.

염불을 수행할 때는 평생 쉬지 않고 염불을 계속하는 것이 가장 좋다. 그러나 우리들의 마음은 방일하기 쉬워 막상 수행한다고 다짐하고도 중도에 그만두거나 흐지부지되는 경우가 많다.

염불 수행자가 기일을 정해 놓고 수행을 하게 되면 날짜를 채우기 위해서라도 빠짐없이 염불을 하게 된다. 그러다 보면 염불하는 습관이 몸에 배고 염불의 묘미妙味를 체득하게 되어, 기한을 정하거나 강요하지 않아도 스스로 염불을 할 수 있게 된다. 그래서 방편상 기한을 정해 두고 하는 염불 수행이 필요한 것이다.

중국의 선도 대사는 《관념법문》에서 "7일 밤과 낮, 또는 일생을 다하여 일심으로 아미타불을 오롯이 염하여 왕생을 원하면……"이라 하였고, "어떤 사람이든 모든 반연을 버리고 도량에서 7일 낮과 밤을 눕거나 자지 않고 일심으로 아미타불을 오롯이 염하라"라고 하여 7일 염불을 언급하였다. 또 "1일, 3일, 7일이나 혹은 14일, 30일, 49일, 백일에 이르고, 혹은 일생을 다하여 지극한 마음으로 부처님을 관하며, 혹은 입으로 부르고……"라고 하면서 염불 기간을 구체적으로 언급하고 있다.

《관무량수경소》에는 "일체 범부에게 권하여 염불하되, 하루나 7일간 일심으로 아미타불의 명호를 오롯이 염하면 결정코 왕생할 수 있다"라고 기록되어 있다.

《염불경》에서는 1일 염불을 질疾, 즉 빠른 염불이라고 하고 7일 염불을 지遲, 즉 늦은 염불이라 하여, 빠르면 하루 늦어도 7일 동안 염불을 하면 정토에 왕생할 수 있다고 하였다.

예부터 중국이나 우리나라에서는 1일, 3일, 7일, 21일, 49일, 백일, 천일, 만일 염불 등이 행해지고 있다. 얼마 동안 염불해야 하는가는 개인과 단체의 여건이나 근기에 따라 달라질 수 있다.

기일 염불 중 만일 염불에 대한 실례로 '건봉사 염불만일회'를 들 수 있다. 만일이면 약 27년 5개월이다. 우리나라 최초의 만일 염불은 통일신라시대에 건봉사[13]에서 이루어졌다.

건봉사 염불만일회는 발징發徵 화상을 비롯한 정신, 양순 등 31인의 승려와 향도香徒 1,828인이 참여하였다. 이때 신도 1,828인 중에서 128인은 의복을 담당하여 매년 포 한 단(五綜布一端)을, 1700인은 음식을 담당하여 쌀 한 말과 기름 한 되(米一斗香油一升)씩을 수행하는 스님들에게 시주하였다. 만일을 채운 787년 원성왕 3년에는 염불만일회에 참여했던 스님 31인이 아미타부처님의 가피를 입어서 극락에 왕생하였고, 그 뒤 염불만일회에 참여했던 많은 신도들이 차례로 왕생했다고 하며, 이때부터 건봉사는 아미타 도량이 되었다.

---

13. 강원도 고성군 거진읍 냉천리 금강산 남쪽 감로봉 기슭에 위치한 건봉사는 남한에 존재하는 유일한 고구려의 사찰이다. 신라 법흥왕 7년, 고구려 안장왕 2년(520년) 아도阿道 화상이 창건하여 원각사圓覺寺라 하였다. 신라 경덕왕 17년(758년) 발징發徵 화상이 중건하였다.

2) 시간 염불

시간 염불時間念佛은 하루 24시간 가운데 시간을 정해 놓고 하는 염불이다. 시간을 정해 놓지 않으면 뒤로 미루어 하루에 한 번이라도 염불 수행을 하지 못하는 경우가 있기 때문에 시간 염불이 필요하다.

아침에 일어나서 1시간도 좋고, 30분도 좋으며, 혹은 15분만이라도 염불하는 것이 좋다. 또는 저녁 자기 전에 15분이나 혹은 30분, 1시간 정도 시간을 정해 놓고 하면 잠자는 시간까지도 염불이 이어질 수 있다.

한국 불교계에서는 기도입재 동안 하루에 새벽, 오전, 오후, 저녁 등 네 차례로 나누어 염불 정근을 하는 사찰이 많다. 염불 수행자가 자기의 여건에 맞게 하루 어느 때 몇 시간 염불할 것인가를 정하는 것도 염불을 수행하기 위한 하나의 방편이다.

기록에 따르면 중국 수나라 지통智通14 대사는 매일 육시六時, 여섯 번에 불상 앞에서 소리 높여 염불하였다고 한다. 또 도작道綽15 대

---

14. 지통智通(547~611) : 중국 수나라 스님으로 18세에 출가하여 평생 게으름이 없었다. 계율을 철저히 지켰고, 늘 염불과 독경을 하였다. 대업大業 7년(611년), 64세에 입적했다.
15. 도작道綽(562~645) : 담란 대사의 정토신앙을 계승한 당나라 스님이다. 저서로는 《안락집安樂集》2권이 있다.

사는 서방을 향하여 침과 콧물, 대소변을 보지 않았으며, 매일 육시에 예배하고 공경하며 염불하는 수행을 끝까지 거르지 않았다 한다. 선도 대사는 "염불하려면 밤과 낮, 혹은 삼시三時 · 육시에 염불하는 것"이라고 하였다.

이와 같이 염불은 하루에 몇 차례 시간을 정해 놓고 하는 것이 바람직하다. 이슬람교도들은 자기들이 숭상하는 메카를 향해 매일 시간을 정해 놓고 예배하는 것을 볼 수 있다. 염불 또한 마찬가지이다. 하루에 한 차례든 두 차례든 혹은 세 차례든 네 차례든 자기에게 맞는 횟수를 정한 후 일정한 시간을 정해 놓고 염불하는 것이 좋다.

3) 수량 염불

수량 염불數量念佛은 일정한 수량을 정해 놓고 염불하는 방법이다. 즉 하루에 108번, 천 번, 만 번, 십만 번 등 자기의 역량에 맞게 부처님이나 보살의 명호를 부르는 방법이다.

예부터 염불 수행자들은 일정한 수량을 정하여 염불을 하였다. 도작 대사는 부처님 명호를 부르는 것을 일과로 하여 하루에 7만 번을 염했다고 한다. 또 염주가 사용되기 이전에도 콩을 세며 염불을 하기도 하였는데, 정진하는 사람이 상근기인 경우 소두小豆 80석에서 90석, 중근기는 50석, 하근기는 20석으로 염불의 숫자를 헤아리면서 하도록 하였다.

염주를 사용하여 하루에 108번이나 1080번, 3000번, 만 번 등으로 수량을 헤아리면서 염불 수행을 할 수 있다. 한 알에 열 번씩 염불 수를 헤아리면서 하는 것을 기십념記十念이라고 한다. 다시 말해서 부처님 명호를 열 번 염하고 한 알의 염주를 넘기는 방법이다.

　이와 같이 염불하면서 마음속으로 수를 헤아려 잊지 않으려면 수를 기억해야 하므로 염불에 전념하기 마련이다. 만약 전념하지 않으면 수를 정확히 헤아릴 수 없다. 그러므로 이 방법은 마음을 전념하게 하는 좋은 방편으로 잡념을 퇴치하는 데 큰 효과가 있다.

　염불 수행자는 구체적인 방법을 모색하여 자기의 근기와 여건에 맞게 하루에 몇 번을 정해 놓고 염불하는 것도 좋은 방편이다.

　그러나 수량에 대한 강한 집착은 바람직하지 않다. 염불이란 말 그대로 부처님을 염하는 것이다. 염불 횟수의 많고 적음에 수행의 목표가 있는 것이 아니기 때문이다.

4) 절하면서 하는 염불

　말 그대로 절을 하면서 염불하는 방법禮拜念이다. 한 번 염불하고 한 번 절을 하거나, 절을 하면서 끊임없이 염불을 하는 방식이 있다. 몸으로 절을 하면서 입으로 염불을 하기 때문에 더욱 간절하고 효과적인 수행이 될 수 있다.

　이렇게 절하면서 염불하면, 몸을 움직여 절하면서 염하는 불보살님에 대한 마음이 일사불란하게 진행되므로 심신心身이 경쾌해지고 삼매에 쉽게 들 수 있다.

절하면서 하는 염불 수행은 혼자서도 할 수 있지만, 여러 대중이 모여서 할 때 더 적합하고 효과도 크다. 많은 대중이 음율을 맞추어 염불하고 그 염불 소리의 리듬을 따라 절하기 때문에 산란한 마음을 없애고 빠른 시간에 염불에 집중할 수 있게 된다. 물론 절하는 동작과 염불 소리가 사람마다 다르면 오히려 정신이 산란하여 집중하기 어려울 수 있다. 따라서 염불 소리와 절하는 동작을 통일시켜야 한다.

염불하는 테이프를 틀어 놓거나, 직접 스님이 염불하는 소리를 들으며 거기에 맞추어 많은 대중이 한마음이 되어 염불하면서 절을 하는 것이 더욱 효과적이다. 그런데 염불하는 테이프 소리에 맞추어 절을 할 경우, 테이프의 염불 소리와 절하는 수행자들 간에 호흡을 맞추기가 어렵다는 단점이 있다. 절하는 사람들의 동작이나 마음과는 관계없이 테이프 염불 소리가 단조롭거나 불규칙적으로 리듬이 유지되기 때문이다. 그러나 테이프의 염불 소리가 정확히 사성염불로 시종일관 규칙적으로 진행되고, 거기에 집중하여 마음 속으로 염하면서 절한다면 절 수행이 잘 진행될 수 있다.

5) 일상 속에서의 염불

염불 수행자가 그 수행력이 익어지면 일상 생활을 하면서도 염불이 저절로 된다. 이때는 일정한 시간이나 기간, 양을 정하는 것과 관계없이 일상 속에서 염불이 지속되기 마련이다. 이렇게 오랫동안 지속되면 자연히 염불 수행이 되어 나무아미타불의 명호가 입에서 떠나지 않게 된다.

그래서 옛사람들은 짚신을 삼으면서 아미타부처님께 감사드리며 염불하고, 대장장이는 쇠를 두들기며 염불하였다고 한다. 그래서 현생 동안 행복과 평화를 누리다가 최후의 순간까지 염불 소리가 이어져 선 채로 왕생하였다고 한다.

그리고 여기서 한 걸음 더 나아가면 굳이 입으로 명호를 부르지 않아도 마음속에서 염불이 된다. 즉 입으로 부르건 부르지 않건 항상 마음속에서 염불이 되는 것이다. 이때는 염불하는 그 정념이 견고하여 어떤 잡념이나 미세한 망념도 비집고 들어오지 못한다. 이른바 염불 삼매의 경지다.

6) 단계별로 수행하는 염불

모든 일이 그렇듯이 염불 수행도 처음부터 완성된 모습을 보일 수는 없다. 매일 거르지 않고 수행하며, 차츰차츰 단계별로 수행의 강도를 높여가는 것이 바람직하다.

그래서 초심자의 경우 자신의 조건과 환경에 따라 매일 아침저녁 최소 20~30분 혹은 1시간 정도만이라도 오롯이 염불 수행을 하는 습관을 기르는 것이 좋다. 그러다 보면 점점 시간이 늘어나더라도 그 시간 동안 아무 잡념 없이 염불을 할 수 있게 된다.

일상생활을 하면서도 틈만 나면 아미타부처님을 생각하는 습관을 길러야 한다. 무슨 일이 일어나거나 어떤 어려운 상황에 부딪칠 때 아미타불을 염하면 마음이 편안해진다. 또한 기쁘거나 감사할 일이 생길 때도 잊지 않고 아미타불을 염하는 것이 좋다.

사찰에서 하는 49일, 백일, 천일 기도 등에 동참하여 입재한 후 그 기간 동안 집이나 절에서 매일 염불 정진하는 것도 좋은 방법이다. 또한 수행이 어느 정도 익숙해지고 깊어지면 일정 기간 7일 혹은 21일이나 100일 동안 하루에 3~4시간만 자고 계속 염불 수행하는 가행정진이나, 7일 동안 자지 않고 밤낮으로 염불하는 용맹정진에도 도전해 보아야 한다.

출가자들은 규칙적인 생활이 가능한 안거 기간 동안 시간을 정해 놓고 염불을 하거나 염불선 수행을 하면 된다. 그리고 마침내는 행주좌와 어묵동정 行住坐臥 語默動靜[16]의 모든 일상생활 속에서 저절로 염불이 되는 단계까지 끌어올려야 한다.

16. 걷고 머물고 앉고 누울 때, 말을 하거나 침묵하거나 움직이거나 멈추어 있을 때, 즉 일상생활 일체를 말한다.

제 3 장

경전상에 나타난 염불

1
초기불교의 염불 수행법

염불 수행을 주로 하는 종파로서 정토종淨土宗은 대승불교 시대에 이르러서야 비로소 출현한다. 그렇다면 염불 수행은 과연 언제부터 시작된 것일까. 염불 수행은 초기불교 때부터 이미 나타나고 있다. 여러 초기불교 경전에는 염불 수행이 일찍부터 행해졌음이 잘 나타나 있다.

예를 들어 《잡아함경》에는 이런 내용이 보인다.

> 이와 같이 바사닉 왕이 뒤에 이르러 몸을 가지런히 하고 용모를 단정히 하여 누각 위에 올라 부처님께서 계신 곳을 향하여 합장하고 공경하는 마음으로 오른쪽 무릎을 땅에 대고 세 번 이렇게 말했

다. "세존·여래·응공·등정각께 경례하고 귀의
합니다. 세존·여래·응공·등정각께 경례하고
귀의합니다. 저에게 현세의 이익과 후세의 이익과
현세와 후세의 이익을 주셨습니다"라고 하니 현
세 법의 이익과 후세의 이익을 주었다.

- 《잡아함경》제42권 〈제1150경〉

또한 《증일아함경》에는 이런 내용도 나온다.

모두 '나무불南無佛'이라고 부르세. 석가모니부처
님은 가장 훌륭한 분으로서 능히 안온함을 베푸시
고 모든 고뇌를 제거하신다네.

- 《증일아함경》

여기에 나오는 '나무'라는 말은 산스크리트 'Namas'의 음역
音譯이다. 한역漢譯으로는 귀명歸命, 귀의歸依라는 뜻이다. 불교에서
'귀의'란 부처님을 절대적으로 믿고 의지하며 그분의 가르침에 따
르는 것, 또 그분의 은혜에 보답하려고 꾸준히 정진하는 것을 말한
다. 그렇기 때문에 여기에서 나오는 '나무불'이란 석가모니부처님
께 귀의하는 의식을 뜻한다.

'귀의합니다'라고 말하는 데는 '모든 진리를 깨달은 분에게 몸

과 마음을 다 의지하고, 그분께서 만드신 계율을 지키며 그분께서 설하신 진리를 따르고 행하겠다는 맹세가 들어 있는 것이다.

이렇게 맹세하는 마음을 가지고 입으로 '귀의불'이라 부름으로써 귀의하는 의식을 거행하는 것이 되고, 이를 통해 번뇌와 업장이 제거되는 것이다.

《증일아함경》에서는 이렇게 나와 있다.

> 스스로 '나무불'이라고 부르면서 모두 나의 처소에 와 현재에 공양한다. 저 부처님의 과거는 선정이 평등하여 증감增減이 없느니라. 그러므로 불법 가운데서는 성중聖衆들이 받들어 섬긴다. 전심으로 삼보를 섬기면 반드시 무위처無爲處에 이른다.
> – 《증일아함경》

또 같은 경전에 다음과 같이 나와 있다.

> 여래의 형상을 친견하고 나서 스스로 '나무여래지진등정각'이란 명호를 불렀다. 이러한 인연으로 좋은 음성을 얻었다. …(중략)… 몸이 무너지고 목숨이 마칠 때에는 선처천상善處天上에 태어난다.
> – 《증일아함경》 제24권 〈선취품〉

'나무여래지진등정각南無如來至眞等正覺'이라고 부처님의 명호를 부름으로써 죽은 후 선처천상善處天上에 태어나는 공덕이 생긴다고 설하고 있다. 이러한 예들은 부처님의 명호를 부르면서 귀의함으로써 생기는 공덕을 설명하는 것인데, 이것이 바로 칭명염불의 근원임을 알 수 있다.

초기불교에서 나타나는 '하늘에 태어난다'는 사상이 발전하여 대승불교, 특히 정토사상에서 극락세계에 왕생한다는 사상으로 전개된 것이며, '나무불'이라고 부르는 귀의의식과 사상이 발전하여 후대에 이르러 '나무아미타불'을 부르는 대표적 불교 수행법이 되었다고 추측해 볼 수 있다.

다시 말하면 석가모니부처님께서 세상에 머물 당시에 제자들이 교단에 입단하면서 부처님 명호를 부르며 귀의하는 의식이 발전하여 염불 수행법으로 정착되었다. 이것이 삼념三念[17]이라든가 육념六念[18], 혹은 십념十念[19] 등으로 진전되어 염하는 공덕에 의해

---

17. 불佛·법法·승僧의 세 가지를 각각 조용한 마음으로 생각하는 것이다.
18. 불佛·법法·승僧·계戒·시施·천天의 여섯 가지를 각각 조용한 마음으로 생각하는 것이다.
19. 염불念佛·염법念法·염승念僧·염계念戒·염시念施·염천念天·염휴식念休息·염안반念安般·염신念身·염사念死에 대해 조용히 생각하는 것이다.

하늘에 태어난다는(生天) 한다는 득과사상得果思想이 생기게 되었다. 이 사상이 발전하여 후대 정토사상에서는 아미타부처님을 염하는 공덕에 의해 극락세계에 왕생한다는 데까지 이르게 된 것이다.

물론 초기경전에는 염불 수행법을 구체적으로 언급한 경우도 있다. 예를 들어 《증일아함경》에서는 다음과 같이 말하고 있다.

> 세존께서 모든 비구들에게 이르셨다.
> "마땅히 한 법(一法)을 수행하고, 마땅히 한 법을 널리 펴라. 한 법을 수행하면 문득 명예가 있게 되고, 큰 과보를 이루며, 모든 선善이 널리 이르게 되고, 감로의 맛을 얻어 무위처無爲處에 이르며, 문득 신통을 이루어 모든 어지러운 생각을 제거하여 사문과沙門果를 얻어 열반에 이른다. 어떤 것을 한 법이라고 하는가? 이른바 염불이니라."
>
> -《증일아함경》제2권 〈광연품〉

여기서 석가모니부처님께서는 모든 비구들에게 수행해야 할 한 법(一法)을 제시하셨는데 그것이 바로 염불buddhānusmṛti이었다. 염불을 수행하는 공덕으로 무위처에 이르고 신통을 얻게 되며, 결국 열반에 들어갈 수 있다고 석가모니부처님께서 직접 말씀하셨다. 이는 염불이 중요한 불교 수행 방법임을 강조하신 것이다.

한편 염하는 대상에 대해서 석가모니부처님은 《증일아함경》에서 다음과 같이 설하고 계신다.

마하남이여! 이곳에서 너는 여래를 억념憶念해야 한다. 이르기를, 이와 같이 저 세존은 응공應供·정등각正等覺·명행족明行足·선서善逝·세간해世間解·무상사無上士·조어장부調御丈夫·천인사天人師·불세존佛世尊 이시다.

마하남이여! 성인의 제자는 여래를 억념할 때 마음속으로 탐욕에 얽매이지 말라. 이때는 여래에 의해 마음이 바르게 되느니라. 마하남이여! 성인의 제자가 마음이 정직하면 의명義明을 얻고 법명法明을 얻으며, 마음에 이끌리는 곳에 즐거움이 넘치고, 즐거움이 넘치면서 기쁨이 생기며, 마음에 기쁨이 있으면 몸이 편안하고, 몸이 편안하면 낙樂을 받게 되며, 낙을 받으면 마음속에 정定을 얻는다.

마하남이여! 이 염불은 거닐 때도 닦아야 하고, 머무를 때도 닦아야 하며, 앉아 있을 때도 닦아야 하고, 누워 있을 때도 닦아야 한다. 사업을 할 때도 닦아야 하며, 자식들에 의해 산란한 집에 있을 때도 닦아야 한다."

- 《증일아함경》 제11권 〈억념품〉

이 경에서 볼 수 있듯이 여래를 억념하는 것을 염불이라 한다. 여래의 열 가지 명호_{名號}를 강조하는 것은 십호_{十號}를 억념하라는 것이다. 부처님의 공덕을 억념할 때는 행주좌와를 가리지 말고, 어느 곳에서 어떤 일을 하든 시기와 장소를 가리지 말고 열심히 닦아야 한다고 설하고 계신 대목이다.

《증일아함경》에서는 염불 수행법과 염불하는 자세를 다음과 같이 구체적으로 강조하고 있다.

만약 어떤 비구가 몸과 마음을 바르게 하고 결가부좌하여 생각을 묶어 앞에 두고, 다른 생각이 없이 오로지 부처님을 염하며 여래의 형상을 관_觀하되 잠시도 여래의 형상이 눈에서 떠나지 않게 해야 하고, 눈에서 떠나지 않게 한 다음 여래의 공덕을 염하라.

-《증일아함경》 제2권 〈광연품〉

여기에서도 여래의 공덕을 염하는 것을 염불이라고 한다. 다만 여래의 형상을 관하는 관법觀法이라는 수행이 등장하여 관觀과 염念을 같이 수행하는 것이 특색이라고 할 수 있다.

그렇다면 염의 대상은 무엇이고 관의 대상은 무엇인가?

《증일아함경》에서는 염의 대상은 부처님의 공덕이고, 관의 대상은 부처님의 형상이라고 하였다. 여기서 말하는 부처님의 공덕은 부처님이 가지고 계신 오근五根20 · 오력五力21 · 칠보리분七菩提分22 · 팔정도八正道23 · 여래십호24의 공덕 등 여러 가지 공덕을 말하며, 부

20. 해탈에 이르기 위한 다섯 가지의 힘 또는 능력으로, 신근信根 · 정진근精進根 · 염근念根 · 정근定根 · 혜근慧根을 말한다.

21. 신앙(信), 노력(精進), 억념(念), 선정(定), 지혜(慧)라는 깨달음에 달하게 하는 다섯 가지의 힘을 말한다.

22. 마음의 상태에 따라 존재를 관찰함에 있어서 주의 방법을 일곱 가지로 정리한 것으로, 깨달음으로 이끄는 일곱 가지의 수행 항목이다. 칠각지七覺支라고도 한다. 1) 가르침 가운데 진실된 것을 선택하고 거짓된 것을 버림, 2) 한마음으로 노력함, 3) 진실의 가르침을 실행하는 기쁨으로 삶, 4) 심신을 발랄하고 쾌적하게 함, 5) 대상으로의 속박을 버림, 6) 마음을 집중하여 흔들리지 않음, 7) 생각을 평탄하게 함.

23. 이상理想의 경지에 도달하기 위한 여덟 가지의 길이다. 정견正見, 정사유正思惟, 정어正語, 정업正業, 정명正命, 정정진正精進, 정념正念, 정정正定의 여덟 가지다.

24. 부처님의 10가지 칭호다. 1) 여래如來 : 수행을 완성한 사람 2) 응공應供 : 존경받아야 할 사람 3) 정변지正遍知 : 바르게 깨달은 사람 4) 명행족明行足 : 명지明知와 행行을 완전히 갖추고 있는 사람 5) 선서善逝 : 잘 해나가고 있는 사람, 행복한 사람 6) 세간해世間解 : 세간을 이해한 사람 7) 무상사無上士 : 더할 나위 없는 사람 8) 조어장부調御丈夫 : 인간의 조어자 9) 천인사天人師 : 신들과 인간의 스승 10) 불세존佛世尊 : 세존의 원어

처님의 형상이란 32상 80종호를 구족한 몸을 말하는 것이다. 《증일아함경》에서는 다음과 같이 말하고 있다.

> 만약 어떤 비구·비구니·우바새·우바이가 두려움이 있어 온몸에 털이 곤두서거든 이때 마땅히 나의 몸을 염하라(念我身). 이 여래如來·지진至眞·등정각等正覺·명행성위明行成爲·선서善逝·세간해世間解·무상사無上士·도법어道法御·천인사天人師·불중우佛衆祐 등의 명호를 부르면 부처님이 세상에 출현하신다. 설사 두려움이 있어 털이 곤두서더라도 곧 저절로 사라지게 될 것이다."
>
> -《증일아함경》제14권〈고당품〉

여기서 말한 '염아신念我身'은 마음속으로 생각하는 염과 입으로 부르는 칭을 같이 하는 수행법이라 할 수 있다. 왜냐하면 '두려움이 있을 때 나의 몸을 염하고 여래 십호를 부르라'고 하였기 때문이다.

그러면 마음으로 부처님을 염하고, 입으로 부처님의 명호를 부르는 수행에 의해 얻어지는 득과는 무엇일까?

초기경전에 나타난 염불법은 여래의 공덕을 염하여 아라한과를 얻는다든가 공포에서 벗어날 수 있는 현세의 이익을 말한다. 이러한 현세의 이익사상이 발전하여 죽은 후 내세의 이익을 강조하는 사상이 나오게 되는데 이것이 사후의 생천生天 사상이다.

《장아함경》에서 "여래법 가운데에 있어서 남자 신도가 되어 일심으로 염불하면 목숨을 마치고 나서 비사문천왕의 태자로 태어날 수 있다"라고 한 것과 《증일아함경》에서 "여래의 공덕을 생각하면 삼악취三惡趣를 여의고 천상에 태어날 수가 있다. 지독한 악을 지은 사람이라도 천상에 태어날 수 있다"라고 한 것은 염불 수행에서 얻어지는 이익이 현세에서 내세로 이어지는 과정이라 할 수 있다.

이러한 사상을 구체적으로 정리한 것이 초기경전 후에 성립된 《나선비구경那先比丘經》의 내용이다.

> 사람들이 세간에 있으면서 악을 아주 많이 지었더라도 죽으려고 할 때에 염불을 하게 되면 죽은 후에 모두 천상에 태어난다.
>
> – 《나선비구경》하권

왜 그럴까? 어떤 사람이 아주 작은 돌을 물 위에 던진다고 생각해 보자. 그 돌이 물에 뜨겠는가, 아니면 가라앉겠는가? 돌은 당연히 금세 물 속으로 가라앉아 사라질 것이다. 작은 돌이 금세 가라앉으니 백 척이나 되는 큰 돌은 말할 것도 없을 것이다. 그런데 백

척이나 되는 큰 돌을 배에 얹은 후 물에 띄우면 그 돌은 어떻게 될까? 백 척이나 되는 큰 돌이지만, 배 위에서는 안전하게 물에 뜨게 될 것이다. 이처럼 부처님의 본원력이라는 배가 있으면 아무리 무거운 죄를 지었어도 구원받을 수 있는 것이다.

부처님의 본원력에 의지하여 천상에 태어난다는 것은 중생을 구제하려는 부처님의 원력을 굳게 믿고 염불하면 구원된다는 타력염불의 구체적인 시작으로 볼 수 있다.

지금까지 살펴본 것처럼 석가모니부처님의 공덕을 염하는 것이 발전하여 여래십호를 염하게 되고, 또 부처님의 형상을 관하게 되었다. 또한 석가모니부처님의 명호를 부르는 귀의의식에서 여래의 십호를 부르게 되는 등 다양한 수행법이 나왔다.

그리고 염과 관에 의해 생기는 득과도 처음에는 아라한과를 얻고 재액災厄을 제거하는 현세적 이익에 한정되었지만, 후대에 이르러서는 사후에 하늘에 태어나는 생천의 이익을 얻는 것으로 발전했다.

이렇게 석가모니부처님을 염하던 수행법은 이후 점차 발전하여 염의 대상이 석가모니부처님 이외의 여러 불보살님에게까지 확대되었다. 먼저 삼보를 대상으로 한 염은 《잡아함경》에 잘 설명되어 있다.

만약 목숨을 마친 뒤에도 나쁜 곳에 태어나지 않

을 것이요, 끝끝내 나쁜 일이 없을 것이다. 왜냐하면 너는 이미 오랫동안 염불念佛·염법念法·염승念僧을 닦고 익혔기(修習) 때문이니라.

—《잡아함경》제33권 〈제930경〉

이 내용은 불·법·승 삼보를 염하는 공덕에 의해 악취에 떨어질 악업이 제거되어 천상에 태어나는 것을 설하고 있는 대목이다. 이 세 가지 염법이 발전하여 나타난 것이 육념사상六念思想이다. 이것은 염법이 한층 더 발전된 형태로서 삼보의 염만을 중요시한 것이 아니고 모든 염을 중요하게 여긴 것이라 할 수 있다.

《잡아함경》에서는 "너는 마땅히 때에 따라 육념을 닦아야 한다"라고 하면서 삼보 외에도 스스로 지키고 있는 계를 염하고, 스스로 행하고 있는 보시를 염하며, 모든 하늘을 염해야 한다고 설하고 있다.

《장아함경》에서도 염불念佛·염법念法·염승念僧·염계念戒·염시念施·염천念天 등 육수법六修法을 강조하고 있다. 그리고 염불을 포함한 이 여섯 가지 염의 수행법으로 얻은 공덕은 염불하여 얻는 공덕과 같다고 설한다.

그 후 이 육념에 염휴식念休息·염안반念安般·염신念身·염사念死 등이 포함되어 십념十念이 되었다. 염법이 매우 폭넓게 전개된 것을 알 수 있다. 십념설은 《증일아함경》에서 7회 이상 설해져 있다.

《증일아함경》 제1권의 〈십념품十念品〉과 제2권의 〈광연품廣演品〉에는 십념 하나하나가 매우 자세하게 설명되어 있다.

다시 말하면 십념 하나하나의 항목을 '문여시일시聞如是一時'에서 시작하여 설명한 후 '환희봉행歡喜奉行'으로 끝나고 있는데, 이는 일반적 경전 형식을 빌어 십념 하나하나를 독립된 경전으로 설명하고 있음을 의미한다. 이와 같은 체제는 한 경전이 시작하여 끝나는 형식과 같기 때문에 《증일아함경》에서 얼마나 십념을 중시하였는지를 알 수 있다.

결론적으로 말하면 초기경전에서 엿볼 수 있는 염불사상은 입으로는 부르면서 귀의하는 귀의의식에서 비롯된 것이 염불이고 칭불이며, 이 염불이 발전하여 삼보를 염하게 되고 열 가지를 염하는 십념으로 발전한 수행법임을 알 수 있다.

2
대승불교의 염불 수행법

대승불교에 들어와 염불 수행법은 '정토삼부경淨土三部經'을 바탕으로 하여 정토에 왕생하는 수행으로 발전한다. 오로지 아미타 부처님의 염불을 통하여 그분의 본원력에 의해서 정토에 왕생하게 된다는 것이다.

특히 정토종에서는 중생으로서의 한계에 대한 명확한 인식을 강조한다. 즉 죄업이 많은 중생, 무수한 세월 동안 윤회의 굴레를 벗어나지 못한 중생, 말법시대에 살고 있는 하근기 중생이라는 점을 직시하고 부처님의 본원의 힘을 입지 않고는 구원이 어렵다는 사실을 깨달아야 한다는 것이다. 그래서 정토종에서는 타력, 즉 아미타부처님의 본원력에 대한 믿음이 중요하다.

시시각각으로 다가오거나 어느 날 급작스럽게 닥치거나 간에 인간에게 가장 두려운 고통은 죽음이다. 왜냐하면 죽음은 피할 수 없기 때문이다. 불교에서는 이러한 번뇌와 고통으로 오염된 세계를 뛰어넘는 길을, 스스로 노력하고 수행해서 얻은 지혜의 힘으로 번뇌와 죽음을 물리치는 자력과 불보살님의 원력에 의지하여 구원을 얻으려는 타력의 양 측면으로 제시한다.

일반적으로 불교는 자력을 강조한다. 그러나 자력으로서 깨달음을 얻어 죽음을 극복하는 길이 비록 바람직한 방향이라 할지라도, 연약하고 힘없는 중생들에게는 그것은 한없이 멀고 힘에 벅찬 여정이다. 이러한 사람들에게는 불보살님의 원력을 빌려 당장 죽음을 극복하고자 하는 것이 효과적일 것이다. 그 무한한 원력에 의지하는 것이 바로 타력이다.

아미타부처님은 인간의 한계 상황인 죽음을 극복하고 영원한 생명을 깨닫게 하시는 부처님이다. 그분은 서방정토 극락세계의 교주로서 죽음의 고통에서 인간을 구제해주는 무한한 빛이요 영원한 생명으로서의 부처님이다.

아미타부처님은 산스크리트로 '아미타유스붓다 Amitāyus Buddha' 혹은 '아미타바붓다 Amitābha Buddha'다. '아미타유스붓다'란 무량한 수명을 뜻하는 무량수불無量壽佛로 해석되며, '아미타바붓다'는 무량한 빛을 의미하는 무량광불無量光佛로 해석된다.

이와 관련해 《아미타경》에서는 아미타부처님을 다음과 같이 묘사하고 있다.

> 사리불아, 그대 생각에 저 극락세계의 부처님을 어찌하여 아미타불이라고 부르는지 아느냐? 사리불아, 저 부처님의 광명은 한량이 없어 시방세계의 모든 나라를 두루 비추더라도 걸림이 없기 때문에 무량한 광명의 부처님(無量光佛), 곧 아미타불이라고 하고, 또한 그 부처님의 수명과 그 나라 사람들의 수명이 한량이 없고 끝이 없는 아승지겁이기 때문에 무량한 수명의 부처님(無量壽佛), 곧 아미타불이라 이름하느니라.
>
> - 《아미타경》

이렇듯 아미타부처님의 본성은 무한한 빛이요 생명이다. 그 무한한 빛이 온갖 세상을 남김없이 두루 비추기 때문에 아미타부처님의 원력이라는 배에 타는 자는 누구든지 해탈할 수 있다. 또한 아미타부처님은 무한한 생명이기 때문에 그분의 원력의 세계에 이르는 자는 죽음을 넘어선다. 그래서 아미타부처님은 우리의 본래적인 영원한 생명을 회복하게 해주는 스승이라고 하여 '본사本師 아미타불'이라고 한다.

아미타부처님에 대한 신앙이 어떻게 싹텄는지는 《관무량수경》

에서 다음과 같이 전하고 있다.

석가모니 생애 말년의 일이다. 마가다국의 태자 아사세阿闍世는 석가모니의 사촌 형제 데바닷다의 꼬임에 넘어가 부친 빔비사라 왕을 몰아내고 왕위를 찬탈했다. 뿐만 아니라 부왕을 옥에 가두고 굶겨 죽이기 위해 외부인의 출입을 막고 음식물 반입을 금지했다. 그러나 아사세의 모친이자 왕비인 위제희韋提希 부인은 몸을 깨끗이 씻고 나서 우유와 꿀로 반죽한 것을 몸에 바르고 보관寶冠에 포도주를 넣어 감옥으로 들어가 그 반죽을 벗겨 빔비사라 왕에게 먹여 주림을 면케 해주었다. 또 마하 목건련 존자와 부루나 존자는 왕이 있는 곳에 매일 와서 여덟 가지 계를 주고 법을 설해주었다.

부왕이 죽기를 원하고 있던 아사세는 어머니와 목건련, 부루나 존자의 일을 듣고 화가 나서 모친을 죽이려 했다. 그때 월광月光과 기바耆婆라는 두 신하가 왕에게 "옛날부터 왕위를 쟁취하기 위해 아버지를 죽인 사람은 있었지만, 어머니를 죽인 사람은 들은 적이 없습니다. 그러므로 이와 같이 무도한 짓을 한다면 그것은 왕족을 더럽히는 것이고 극악무도한 무리와 다를 바 없습니다. 이러한 사람은 국왕으로서 존경받을 수 없습니다"라고 간언했다. 그래서 아사세는 어떻게 할 수 없어 어머니 위제희 부인을 골방에 감금한 채 출입을 못하게 감시하였다. 부인은 분함과 억울함, 슬픔과 절망에 쌓여 몸부림쳐 보았지만 속수무책이었다.

골방에 갇힌 위제희 부인은 멀리 기사굴산을 향해 예배를 올리며 다음과 같이 사뢰었다.

"부처님이시여, 지난날 항상 아난 존자를 보내시어 저를 위로해주셨습니다. 저는 지금 슬픔에 빠져 괴로워서 거룩하신 부처님마저 뵈올 수 없습니다. 원하옵건대, 목건련 존자와 아난 존자를 보내시어 제가 뵐 수 있도록 하여주시옵소서."

이렇게 기원하자 부처님께서는 목건련과 아난 존자를 거느리고 나타났는데, 그 주변에서 범천과 제석천, 사천왕이 허공 중에서 하늘 꽃을 눈송이처럼 뿌려 부처님을 공양하고 있었다. 감격한 부인은 다음과 같이 눈물로 죄업을 참회하면서 가르침을 청한다.

"부처님이시여, 저는 무슨 숙생의 죄가 있어 이와 같은 나쁜 자식을 두게 되었나이까. …(중략)… 저는 이 천박하고 악독한 세상에서 더 이상 살고 싶지 않습니다. 청컨대 저에게 깨끗한 세계를 보여주시옵소서."

그래서 석가모니부처님께서는 부인의 원에 따라 서방의 정토를 보여주었다. 그러자 위제희 부인은 서방 극락정토에 왕생하려면 어떻게 마음을 먹고 어떤 가르침을 따라야 하는지 설해줄 것을 부처님께 간절히 원하였다.

이에 석가모니부처님께서는 정토 장엄과 아미타 부처님을 관하는 일상관日想觀, 수상관水想觀, 진신관眞身觀, 관음관觀音觀 등의 13가지 관법을 설해주셨다. 그리고 위제희 부인의 요청에 따라 미래세의 말법중생들이 칭명염불을 통하여 다음 생에 정토에 태어나게 되는 상배上輩, 중배中輩, 하배下輩의 3가지 왕생법을 일러주셨다. 이 3가지 중 맨 마지막 방법은 죄업이 많은 중생이라도 오로지 아미타부처님의 이름을 부르면 왕생한다는 것을 강조하여 말법시대에는 부처님 명호를 널리 유통하도록 부촉하였다.

- 《관무량수경》

여기서 말하는 13가지 관법觀法은 마음을 집중하여 이 삶 속에서 부처님과 그 정토세계를 관하는 것이며, 나머지 3가지는 말세 중생의 범부들이 칭명염불을 통하여 다음 세상에 정토에 왕생하는 법을 설하고 있는 것이다.

선도 대사는 이 13관법은 중생에게 서방정토 한 곳을 정하여 구체적인 모습을 보여주는 것이라 했다. 특히 위제희 부인을 위하여 설했다고 하여 정선13관定善十三觀이라 했으며, 나머지 3관은 미래세의 말법 중생을 위해 설한 것으로 극히 죄악이 많은 범부를 포함하여 온갖 범부들이 산란한 일상생활 속에서 평상심으로 행하는 왕생을 위한 수행이나 칭명염불에 의해서도 정토왕생이 가능하다고 하여 산선관散善觀이라고 정의했다.

대체적으로 정토신앙에서는 위의 13가지 관상법보다는 말세 범부들을 위해 오직 아미타부처님의 명호를 불러 그것이 삼매가 되어 정토세계에 왕생하는 법을 강조하고 있다. 즉 말법 세상의 믿음과 근기가 약한, 업장이 두터운 범부중생들을 위하여 아미타부처님의 명호를 염하여 정토에 왕생하는 법을 설하고 있는 것이 정토염불 수행의 근본이다.

사실 우리 인간은 죄업이 깊고 깊어 번뇌의 불길이 그칠 줄 모르고 일어나는 존재이다. 이렇게 뿌리 깊은 번뇌를 지닌 인간으로 태어났기 때문에 자력으로 번뇌와 생사를 끊고 해탈한다는 것이 그렇게 쉽지만은 않다. 아미타부처님은 바로 이런 중생들을 위해 서방정토를 이룩하셨으며, 중생구제의 가장 확실한 희망이 되는 부처님이다.

일본 정토진종淨土眞宗 창시자, 친란親鸞은 "착한 사람도 왕생하는데, 하물며 악한 사람이랴" 하고 말했다. 상식적으로 말한다면 '악한 사람도 왕생하는데 하물며 착한 사람이랴'고 해야 할 것 같은데, 반대로 말하고 있는 이유는 무엇일까? 그것은 바로 악인이야말로 아미타부처님이 구제할 대상이라는 의미를 강조하기 위한 것이라고 할 수 있다. 이것을 역설적으로 말하면 악인들이 없고 미약한 중생들이 없으면 아미타부처님은 존재할 필요가 없다는 것이다. 연약한 심성의 소유자거나 업장이 두터워 자신의 힘으로 어찌할 수 없는 중생은 오로지 부처님께 의지하여 타력으로 왕생하는 길 외에는 구원의 빛이 보이지 않기 때문이다.

이러한 정토에 왕생하려는 칭명염불에는 아미타부처님이 중생을 구원하려는 본원력이 크게 작용한다. 아미타부처님의 본원의 힘이 있기 때문에 아미타부처님을 염하는 염불에 의하여 정토왕생이 가능한 것이다.

《무량수경》에서는 이 아미타불의 출현과 본원력에 대해 설하고 있다. 즉 아득한 먼 옛날 세자재왕불이 계실 때, 지혜가 뛰어난 한 왕이 있었다. 그 왕은 세자재왕불로부터 법문을 듣고 크게 감복하여 모든 부귀와 왕의 자리를 버리고 출가한다. 그가 바로 법장 비구다. 그는 부처님을 찬탄하고 스스로 부처가 되기 위해서 48가지 대원大願을 세웠다. 그 원 하나하나는 중생을 구제하려는 이타행利他行으로 가득 차 있다.

이 48대원은 대략 세 가지로 요약할 수 있다.

첫째, 극락에 왕생하는 사람이라면 누구든 정신적·육체적으로 가장 이상적인 인격을 실현하겠다는 원이다. 둘째, 극락에 왕생하고자 하는 중생은 누구든지 반드시 인도하리라는 원이다. 셋째, 청정 불국토를 실현하리라는 원이다. 이러한 원을 세우고 수행한 결과, 법장 비구는 깨달음을 얻어 극락정토의 교주인 아미타부처님이 된 것이다.

이 48대원 가운데 제18원이 중생을 구원하려 하는 가장 큰 원으로, 그 내용은 다음과 같다.

> 만약 내가 부처를 이룰 때에 시방의 중생들이 지극한 신심과 환희심을 내어 나의 국토에 왕생하고자 하여 나의 이름을 열 번을 부르고도 왕생하지 못한다면, 나는 결단코 부처가 되지 않겠습니다.
>
> - 《무량수경》제18원

어떤 중생이든 정토에 태어나고자 하여 지극한 마음으로 열 번만 부처님의 명호를 부르면 왕생토록 하겠다는 원이다. 서방정토에 왕생하고자 한다면 아미타부처님의 이러한 본원력을 믿고 의지해야 한다. 무거운 업보 때문에 바다에 빠져 허우적대다가 가라앉을 수밖에 없는 죄업을 가진 중생이라도 아미타부처님의 큰 본원력의 배에 타면 바다를 건너 무사히 목적지에 당도할 수 있기 때문이다.

자력 수행은 마치 세 살 된 어린아이가 집을 나와 서울을 향해 천릿길을 걸어가는 것과 같다. 그러나 염불 수행법은 세 살 된 어린아이가 천릿길을 가는 형국과 같다 할지라도 부모나 코끼리 또는 말 수레에 의지하여 가게 되므로 매우 빠르고 안전하다.

임종 시에 아미타불의 본원력의 가피를 입으면 일념 사이에 서방정토에 왕생하여 결코 뒤로 물러섬이 없는 불퇴전不退轉의 지위를 얻게 된다.

또 자력 수행은 마치 가난한 사람이 가난한 집에 고용되어 일하는 것과 같아서 힘은 많이 들지만 받는 이익이 적은 것과 같다. 이는 다른 수행문도 마찬가지이다. 그러나 타력 수행은 임금에게 고용되어 일을 하는 것과 같아서 힘은 적게 들면서도 이익은 매우 많은 것과 같다. 그와 같이 염불 수행도 부처님의 원력을 힘입기 때문에 공력은 적게 들고 얻는 공덕은 한량이 없어 전심으로 염불하면 속히 정토에 왕생하고 거기서 무생법인을 증득하게 된다. 이는 모두 아미타불의 위대한 본원력에 의한 것이다.

또 타력은 마치 개미가 날개 달린 새를 의지하면 높이 날아 수

미산에 오르게 되고 모든 환희를 마음껏 누릴 수 있는 것과 같다. 범부가 하는 염불도 또한 이와 같아서 부처님의 원력을 입어 속히 서방세계에 왕생하여 모든 안락과 평화를 누리는 것이다.

다음은 우리가 염불하여 도달하고자 하는 극락정토에 대해서 알아보자. 《아미타경》에서는 서쪽으로 십만억 불국토를 지난 곳에 극락정토가 있다고 설하고 있다.

그렇다면 극락, 즉 정토란 어떠한 세계인가?

극락정토란 아미타부처님의 본원에 의해 건립된 세계다. 산스크리트로는 슈카바티sukhāvatī라고 하는데, 안양安養 · 안락安樂 · 묘락妙樂 · 극락極樂이라고 번역한다. 안락함이 지극한 곳이라는 뜻이다.

그 안락함이란 우리들 세속사회에서 벌어지는 상대적 즐거움이나 천상세계의 한계가 있는 즐거움을 초월한 절대적인 즐거움이다. 그래서 극락은 항상 청량한 불국이며 안락한 대지다. 생로병사를 비롯한 모든 괴로움이 없으며 생사윤회가 완전히 끊어진 곳이다. 그리고 성불할 수 있는 모든 조건이 갖추어져 있기 때문에 그곳에 왕생하는 사람은 반드시 불퇴전의 지위에 올라 무생법인을 얻어 해탈하는 곳이다.

그런데 왜 경전에서는 극락정토가 이 사바세계로부터 십만 억 불국토만큼 떨어진 곳에 존재한다고 했는가?

정토세계는 사바세계를 초월해 있기 때문에 공간적으로 보면 더 멀지도 모른다. 그러나 단순히 공간적인 곳을 뜻하지 않는다. 《아미타경》에서는 임종 시에 빠르면 1일, 늦어도 7일간 지극히 염불하면 정토에 왕생한다고 했으며, 《무량수경》에서는 아미타부처님을 열 번만 극진히 불러도 왕생한다고 했다. 《관무량수경》에서는 한 번 소리 내어 염불하면 반드시 80억 겁 생사의 죄를 소멸하고 손가락을 한 번 퉁길 사이에 왕생한다고 했다. 이것으로 보건대 이 사바세계와 정토세계의 거리는 상대적인 수량으로 환산할 문제가 아니며, 내가 얼마나 지극히 아미타불을 믿고 염하느냐에 달려 있는 것임을 알 수 있다.

제 4 장

염불의 분류

염불 수행은 무엇을 기준으로 하느냐에 따라 여러 가지가 있다. 정토왕생 염불과 자성미타 염불로 나누는 방법 외에도 부처님 명호의 의미나 염불 수행문, 염불하는 대상에 따라 분류하기도 한다.

1
정토왕생 염불과 자성미타 염불

극락이란 어디에 있는 것일까? 서방으로 한없이 가다 보면 그곳에 존재하고 있는 것이 극락일까, 아니면 우리의 마음속에 존재하고 있는 것이 극락일까?

아미타부처님이 계시는 서방의 정토에 왕생하기를 목표로 출발한 정토신앙은 후에 정토에 왕생을 목적으로 한 정토왕생 염불과 본래 자기가 가지고 있는 본성을 깨닫기 위한 자성미타 염불의 두 가지로 나눌 수 있다.

자성미타 염불은 '나무아미타불'을 염하는 형태는 같으나 아미타불의 존재에 대하여 서방에 상주하는 분이 아닌 바로 내 마음 안의 불성佛性이라는 새로운 형태의 신앙이다. 이는 8세기경 중국에서 나타난 것인데, 선종이 발달하면서 선과 정토를 혼합하려는 의도에서 나타난 것이다.

선禪이 발달한 한국불교에서도 역시 자성미타, 자심염불의 형태가 등장하게 된다. 그래서 우선 정토왕생 염불과 자성미타 염불로 나누어서 생각해 볼 필요가 있다.

1) 정토왕생 염불

정토왕생 염불淨土往生念佛은 서방정토에 왕생하는 것이 목표며, 철저히 아미타불의 본원력에 의지하고 있다. 아미타부처님께 절대 귀의하여 부처님 명호를 부르면서 현실에서의 환난을 제거하고 여러 가지 공덕을 성취하며 안심을 얻고 내세에 이르러서는 정토에 왕생하고자 하는 염불이다.

오직 아미타부처님을 입으로 부르거나 마음으로 관하고 끊이지 않게 하여서 삼매를 얻는 것이다. 그래서 《능엄경楞嚴經》에서는 다음과 같이 설하고 있다.

> 만약 중생이 지극히 염불하여 삼매를 얻으면 현생 혹은 내생에서 부처님을 친견하고 정토에 왕생한다.
>
> – 《능엄경》

또 《문수반야경》에서도 이렇게 말하고 있다.

> 만약 선남자나 선여인이 일행삼매에 들어가고자 한다면 마땅히 한가한 곳에 처해 모든 어지러운 생각을 버리고 하나의 모양도 취하지 말고 마음을 한 부처님께 몰입하여 오로지 명호를 외우며, 부처님이 계신 곳을 따라 단정한 몸으로 바르게 향하여 능히 한 부처님을 생각하고 생각하는 것이 끊이지 않아야 한다. 그러면 이 생각하는 가운데 능히 과거와 미래, 현재의 모든 부처님을 친견할 것이다. 무엇 때문인가? 한 부처님을 염하는 공덕이 무량하고 끝이 없기 때문이다.
>
> – 《문수반야경》하권

삼매의 경지는 모든 수행에 있어서 공통적으로 도달해야 할 목표 중 하나다. 《문수반야경》에서도 일행삼매를 말하고 있는 것이다. 이러한 삼매에 들기 위해서는 부처님의 명호를 외우고 한 부처님을 생각하여 끊이지 않아야 함을 알 수 있다.

아미타염불을 염하는 구체적인 방법에는 칭명염불稱名念佛과 관상염불觀像念佛 및 관상염불觀想念佛이 있다.

(1) 칭명염불

칭명염불稱名念佛을 강조하고 있는 경전은 《관무량수경》이다.

이 경에서는 다음과 같이 말하고 있다.

다겁으로 많은 죄를 범한 범부중생이라도 정토에
왕생할 수 있는 길이 칭명염불이다.

– 《관무량수경》

아무리 무거운 죄를 범한 중생이라도 부처님의 본원에 대한 절대적인 믿음을 갖고 부처님을 염하면 반드시 정토에 왕생할 수 있다는 것이다.

칭명염불은 아미타부처님의 명호를 또박또박 부르는 것이다. 《아미타경》에서는 이렇게 밝히고 있다.

만약 어떤 선남자 선여인 등이 아미타불에 대한
말을 듣고 그 명호를 굳게 지니어(執持) 혹은 1일,
혹은 2일, 내지 7일 동안 산란하지 않고 일심으로
하면, 임종 시에 아미타불과 여러 성중들이 함께
그 사람 앞에 나타난다. 이 사람은 목숨이 마칠 때
에 마음이 전도되지 않고 아미타불의 극락세계에
왕생한다.

– 《아미타경》

또 《관무량수경》에서는 이렇게 밝히고 있다.

한 번 하는 염불이 80억 겁 동안 생사를 헤매는
죄업을 소멸하느니라.

- 《관무량수경》

오탁악세五濁惡世의 범부중생들은 스스로 깨달음을 얻는 것이 불가능하기 때문에 오로지 아미타부처님의 본원력에 의지할 수밖에 없다고 생각하는 것이 정토신앙이다. 따라서 나무아미타불을 또박또박 부르고 들으면서 정진하는 것이 칭명염불이다.

스스로 오탁악세에 태어난 범부중생이라고 자각하는 것이 중요하다. 즉 '현재 나 자신의 능력은 전혀 보잘것없다' '나에게는 스스로 지탱할 만한 것이 아무것도 없다'라고 철저히 자각하는 중생의 마음 상태, 중생으로서의 삶에 철저한 회의를 느끼는 각성이다. 말법시대 하열한 근기라는 철저한 회의와 자각은 아미타부처님에 대한 절대적인 믿음을 갖게 한다. 따라서 자연스럽게 아미타부처님께 귀의하여 그 본원력의 상징인 명호를 부르게 된다.

칭명염불은 '나무아미타불' 육자 염불을 주로 하지만 '아미타불'의 4자 염불을 해도 무방하다. 그렇다면 어떻게 육자 염불을 해야 그 염불에 망상이 들어가지 않고 궁극적으로 염불삼매의 경지에 이를 수 있을까?

첫째, 나무아미타불을 또박또박 입으로 불러야 한다.
둘째, 나무아미타불을 분명하게 마음으로 생각해야 한다.
셋째, 나무아미타불이 또렷하게 귀에 들려야 한다.

염불 수행자는 이 세 가지를 동시에 온 몸과 마음에 또렷하게 새겨야 한다. 만약 이 세 가지가 또렷이 새겨지지 않으면 잡념이 비집고 들어와 염불자의 마음을 흐트러지게 한다. 염념상속念念相續, 즉 이렇게 해서 부처님을 염하는 소리와 소리가 끊어지지 않고, 생각과 생각이 이어져야 한다.

이런 상태에서 염불을 계속하다 보면 저절로 몸과 마음이 한 덩어리가 되고 통일되어 염불삼매에 들어가게 된다. 염불삼매에 들어갈 때 소망과 공덕이 저절로 성취되기 마련인 것이다.

처음 칭명염불을 시작하는 염불 수행자는 소리가 끊어지지 않게 큰 소리로 염불해야 한다. 소리에 의지하여 마음을 내게 하고 마음이 산란하지 않게 하여야 한다.

이와 같이 오래 하면 공덕이 따를 뿐 아니라, 염불하고자 하는 마음을 일으키면 소리를 내지 않아도 염불 음성이 자연히 들리게 된다. 나중에는 가만히 있어도 자기도 모르는 사이에 속으로 염불이 되어 염불 소리를 듣게 된다. 이 소리는 보통 소리가 아니라 신묘한 소리라서 수행하는 맛을 느끼게 한다.

또 칭명염불을 하면서 삼매에 들게 되면 자기 마음에 본래 갖추어진 신령스러운 광명이 아미타불의 가피력을 받아 점차 환하게 드러나게 된다. 자력과 타력이 서로 호응하여 감응의 길이 열리는 것이다. 이 지점에서 아미타부처님은 밖에 있는가, 안에 있는가 하는 물음은 무의미해진다. 왜냐하면 무한한 능력의 소유자이신 아미타부처님은 당신을 찾아 발견하는 바로 거기에 있기 때문이다. 믿음과 발원으로 부처님의 명호를 지송하여 삼매에 들어가 부처님을 뵙고, 그 부처님의 힘이 자신에게 작용하니, 그러한 감응은 실로 불가사의한 것이다.

칭명염불에도 몇 가지 방법이 있다. 우선 크게 소리를 내는 구칭염불口稱念佛과 소리를 안 내고 마음속으로 염하는 묵념염불默念念佛로 구별할 수 있다.

다시 구칭염불에는 큰 소리를 내어 하는 고성염불高聲念佛이 있고, 작은 소리를 내어 하는 저성염불低聲念佛이 있다.

묵념염불에는 소리를 내지 않고 입술만 움직여 남의 귀에 들리지 않게 하는 염불과 소리 없이 마음속으로만 염하는 염불 등으로 나눌 수 있다.

이것을 좀 더 자세히 살펴보자.

① 고성염불

고성염불은 큰 소리를 내어 우렁찬 목소리로 부처님을 염하는 것으로 단전에서 나오는 힘으로 자신 있으면서도 당당하게 염불하는 것이다. 법당에 모여서 함께 염불하거나 한적한 장소에서 혼자 염불할 때 이러한 방법을 쓰면 좋다. 고성염불은 혼침을 제거하고 마음을 모으는 데 매우 효과적이다.

고성염불을 하면 다음과 같은 10가지의 공덕이 생긴다.

- 잠이 오는 것을 쫓아버린다
- 천마天魔가 두려워한다
- 지옥, 아귀, 축생의 고통을 멈춘다
- 염불 외에 잡음이 들려오지 않는다
- 염불하는 마음이 산란하지 않게 된다
- 용맹정진이 된다
- 모든 부처님이 기뻐하신다
- 삼매가 현전한다
- 서방정토에 왕생하게 된다

고성염불은 오랫동안 하게 되면 기운을 소모하고 목이 쉬게 된다. 그렇지만 잠이 오려 하거나 혼침에 빠지게 될 때 고성염불로서 용맹스럽게 정진하면 금방 머리가 개운해지고 정념이 유지된다.

특히 초심자나 마음이 혼란스러운 사람은 고성염불로 정신을 집중하는 것이 좋다. 만약 고성염불을 하다가 피로하다 싶을 때는 입술만 움직이고 소리를 내지 않고 염불을 해도 된다. 그러나 이러할 때도 마음속으로 부처님의 명호를 또렷하게 생각해야 한다.

② 저성염불

저성염불은 크지도 작지도 않고 중간 정도의 목소리로 하는 염불이다. 이렇게 중간 소리로 염할 때도 그 염하는 목소리를 또렷하게 발음하고 그 소리를 귀로 또렷또렷 들으며 마음으로 생각한다면 잡념이 들어오지 않는다. 아주 큰 소리는 아니지만 이 역시 단전에서 나오는 힘 있는 목소리로 염하므로 오랫동안 할 수 있는 장점이 있다.

새벽에 일어나 혼자서 방에 앉아 조용히 염불할 때, 혹은 혼자 일하면서 할 때도 저성염불이 효과적이다.

③ 묵념염불

묵념염불은 입술만 움직이고 소리는 들릴락 말락 하거나, 입술은 움직이되 거의 소리가 안 들리는 염불이다. 이것을 금강염불이라고도 한다. 대중교통을 이용할 때나 공공장소에서, 그리고 여럿이 함께 일할 경우, 입술만 움직이며 염불하는 묵념염불이 좋을 것이다.

묵념염불 중에는 소리를 내거나 입술을 움직이지 않고, 마음속으로만 하는 염불도 있다. 병이 들어 아플 때, 대중탕에서 목욕할 때, 식사를 할 때, 화장실에서 용무를 볼 때 적절히 수행할 수 있다.

(2) 관상염불

관상염불觀像念佛이란 부처님을 입으로 칭명하면서 앞에 모셔진 부처님의 원만한 모습(像)을 관하는 것이다. 부처님의 모습을 관하는 것은 스스로 부처님을 닮아가기 위한 행위이다.

앞에 모신 부처님께서 광명을 놓아 내 몸을 비추어주시는 형상을 관상하면서 칭명염불을 한다. 이러한 방법을 통하여 수행이 익숙해지면 앞에 있는 부처님을 눈으로 보지 않고 마음속으로 부처님의 원만한 상호를 떠올리면서 칭명염불을 한다. 수행이 더욱 익숙해지면 부처님을 모신 공간이 아니더라도 어디서나 관상염불을 수행할 수 있게 된다.

《관무량수경》에서 밝히고 있는 16관법 중에 관상염불에 해당하는 것을 소개하면 다음과 같다.

여덟 번째, 상상관像想觀이다. 즉 금색金色의 부처님이 연화좌에 앉아 계시고, 관음·세지 두 보살님이 좌우에 서 있으면서 제각기 금색 광명을 비춘다고 관하는 것이다.

열 번째, 관음관觀音觀이다. 즉 아미타불의 협시보살인 관세음보살의 진실한 색신을 관하는 것이다.

열한 번째, 세지관勢至觀이다. 즉 아미타불의 협시보살인 대세지보살의 색신을 관하는 것이다.

열세 번째, 잡상관雜想觀이다. 즉 1장 6척의 아미타부처님이 연못 위에 계시고, 혹은 대신大身이 허공에 가득하다고 관하는 것이다.

(3) 관상염불

관상염불觀想念佛이란 부처님의 수승한 공덕이나 극락세계의 여러 가지 장엄한 모습을 마음속으로 떠올리면서 아미타부처님의 명호를 외우는 것을 말한다. 다시 말해서 부처님의 여러 가지 공덕을 마음속으로 생각하거나 극락세계의 여러 가지 장엄한 모습을 마음속으로 떠올리면서 나무아미타불을 칭명하는 것이다.

《관무량수경》에 나오는 16관법 중에 관상염불에 해당하는 관법은 모두 9가지로 아래와 같다.

첫째, 일상관日想觀이다. 서방을 향하여 정좌하고 오로지 한마음으로 태양이 극락세계로 지며 밝게 비춰진 극락세계를 관한다.

둘째, 수상관水想觀이다. 극락세계는 맑은 물이나 투명한 얼음처럼 영롱한 유리로 되었다고 관한다.

셋째, 지상관地想觀이다. 극락세계는 금강과 칠보로 장엄된 금당金幢이 유리로 된 땅을 지탱하고 있으며, 극락세계의 지상은 황금 줄과 갖가지 보배로 장엄되어 있고 그 보배마다 제각기 500가지 빛이 발한다고 관한다.

넷째, 보수관寶樹觀이다. 극락세계에는 일곱 겹의 가로수가 늘어서 있고, 가로수마다 칠보의 꽃과 잎이 골고루 갖춰져 있으며, 꽃과 잎마다 기이한 색깔이 빛나고, 또 낱낱의 나무 위에 7겹의 보배그물이 있다고 관한다.

다섯째, 보지관寶池觀이다. 극락세계에는 팔공덕수가 흐르고, 낱낱 물 속에 60억 개나 되는 칠보로 된 보련화寶蓮花가 피어 있다. 마니수摩尼水가 그 사이를 흐르면서 묘법妙法을 연설하고, 100가지 보배로운 빛깔이 나는 새가 항상 염불·염법·염승을 찬탄한다고 관한다.

여섯째, 보루관寶樓觀이다. 극락세계에는 500억의 보배누각[寶樓]이 있고, 그곳에서 한량없는 천신들이 기악을 연주하고, 또 악기가 허공에 매달려서 저절로 연주한다고 관한다.

일곱째, 화좌관華座觀이다. 아미타불과 관음·세지 두 보살이 앉은 연화좌를 관한다.

아홉째, 진신관眞身觀이다. 무량수불의 진신을 관한다.

열두째, 보관普觀이다. 자신이 극락에 왕생하여 연화에 결가부좌하고, 연화가 필 때에는 500가지 빛이 자신을 비추고 불보살이 허공에 가득하리라고 관한다.

《관무량수경》의 16관법 중 관상염불의 첫 번째에 해당하는 일상관을 수행하는 방법을 예로 들면 다음과 같다.

> 가부좌하여 일심으로 마음을 집중하여 서쪽 하늘에 해가 지는 모습을 관하라. 일체 잡념이 침범하지 못하도록 마음을 오로지 서쪽 하늘의 태양에 두되, 그 태양이 서쪽 하늘 끝에 매달아 놓은 붉은 북과 같은 모습으로 보일 때까지 줄기차게 관하라. 그 다음 태양이 완전히 지게 되는 과정을 바라보라. 이제 태양이 완전히 지게 되면 이제 눈을 감고 감거나 뜨거나 상관없이 붉은 태양이 마음속에 뚜렷이 걸려 있는 모습을 일념으로 관하라.
>
> — 《관무량수경》

염불 수행을 통하여 왕생하게 될 극락세계의 구체적인 모습을 생각하는 것만으로도 신심이 우러나게 될 것이다. 그러기에 염불 수행을 강조하신 스님들은 이 관상염불을 강조하시면서 극락의 모습을 노래하곤 한다.

고려 말의 나옹 혜근 스님이 관상염불에 대해서 노래한 다음의 시가 전해지고 있다.

연화장 바다 건너
극락세계 들어가니
칠보 금 땅에 칠보그물 둘렀어라.

십육관경 하신 말씀 일몰관이 제일이라
서산에 지는 해를 눈 뜨거나 눈 감거나
눈앞에 걸어 두고 아미타불 대성호를
주야 없이 많이 외라.

극락세계 장엄 보소
황금이 땅이 되고 칠보 못 넓은 연못
들리는 소리마다 염불 설법뿐이로다.

2) 자성미타 염불

(1) 자성염불

염불 수행이 중국에서 크게 대중화되면서 새로운 형태가 나타나게 된다. 즉 '아미타불이란 무엇인가?' 그것은 바로 나의 마음(自心)이며 나의 본성(自性)이라는 자각에서 자심미타(自心彌陀) 혹은 자성미타(自性彌陀)를 염하는 염불 수행이 자연스럽게 등장하게 된다.

이러한 자성미타 설은 자민 혜일(慈愍慧日) 대사의 사상을 계승한 영명 연수 대사에 의하여 체계화된다. 연수 대사는 《만선동귀집》에서 이렇게 말한다.

> 유심불토唯心佛土는 마음을 깨달아야 비로소 날 수 있는 곳이다. 삼세三世의 모든 부처님이 따로 있는 바가 없고 오직 자심自心에 의지한다. 이 마음을 알면 바야흐로 유심정토唯心淨土에 나지만, 경계에 집착하면 반연을 따라 경계 가운데에 떨어지게 된다.
>
> — 《만선동귀집》

이러한 자성미타 염불과 유심정토 사상은 혜능 이후 유행된 선禪에 영향을 받았다. 즉 '마음이 곧 부처다' 라는 선禪을 정토에서 수용하고 있는 모습이라 할 수 있다. 물론 역으로 선에서 정토신앙을 수용할 때에도 자심미타와 유심정토의 입장을 견지하게 된다.

아미타불은 자심미타·자성미타로, 서방정토는 유심정토로 변모되면서 선이 불교계를 풍미할 때에도 염불 수행은 불교의 주된 수행법으로 자리매김하여 왔다.

이러한 자심미타·자성미타·유심정토의 입장은 우리나라에도 많은 영향을 끼치게 된다. 즉 보조 지눌, 태고 보우, 나옹 혜근, 서산 휴정 등 역대 선사들이 강조한 염불이 바로 이 입장이다.

이 마음을 밝힌 이를 부처라 하고 이 마음을 설명한 것을 교教라고 한다. 따지고 보면 부처의 일대 장교도 모두 사람들의 성품을 밝혀내기 위한 방편일 따름이니, 방편은 많은 것 같으나 한마디로 요약하면 즉 유심정토요, 자성미타다.

이는 태고 보우 선사가 경에서 인용한 말씀이다. 부처님이 한 평생 가르침을 펴신 내용을 요약하면 유심정토며, 자성미타라 할 수 있다는 것이다. 대 선지식이었던 보우 선사는 어째서 이러한 주장을 펴신 것일까? 이에 대하여 스님은 이렇게 말씀하신다.

마음이 청정한 것은 이 불토佛土가 청정한 것이요, 내 본성이 나타나는 것을 불신佛身이 나타난다고 하는 것이다. 이것이 바른 해석이다. 또 아미타불이라는 깨끗하고 묘한 법신은 모든 중생의 마음에 두루 있는 까닭에, 이 마음과 부처와 중생의 셋은 차별이 없다. 그래서 마음이 곧 부처요, 부처가 곧 마음이니 마음 밖에 부처가 없고 부처 밖에 마음이 없다.

– 《태고화상어록》상권

이 글을 보면 보우 스님은 '심즉불心卽佛', 즉 '마음이 부처'라는 선禪의 입장을 벗어나 있는 것은 아니라 오히려 이 마음이란 부처와 중생과 차별이 없는 본래심本來心을 말한다. 이러한 입장으로 보기 때문에 '부처와 중생과 마음이 같음'이 성립하는 것이요, 청정한 마음이 아미타 불토요, 본성의 드러남이 아미타 불신이라고 설명할 수 있는 것이다. 또한 이로써 자성미타 염불의 근거를 밝힌 것이라 할 수 있다.

(2) 염불선

선을 수행하는 사람들 중에는 간혹 정토와 염불을 부정하는 사람들이 있다. 반대로 염불 수행자 중에서는 '마음이 부처'라는 사실을 잊고 마음 밖에서 정토를 찾으려고 하는 사람들이 있다. 수행이란 깨달음으로 향해가는 과정이며 방법이다. 이 언덕에서 저 언덕으로 건너가는 배와 같다. 염불과 선, 기타 부처님께서 가르쳐주신 모든 수행법은 깨달음의 저 언덕에 도달할 수 있게 해주는 뗏목이기 때문이다. 부처님께서는 연기법을 통해 깨달음의 세계를 설명해주셨다. 모든 존재의 실상에 대해 연기기 때문에 무아無我고 공空이며 중도中道라고 밝혀주셨다. 염불 수행 또한 궁극적으로 이러한 깨달음의 저 언덕에 도달하기 위한 수행이다.

그럼에도 불구하고 선이 더 수승한가 염불이 더 수승한가 하는 갑론을박이 지금까지 끊이지 않는다. 뿐만 아니라 '선 수행자가 염불 수행을 겸하는 것이 바람직한 것인가' 하는 의문을 제기하기도 한다. 이런 질문에 대한 답은 이미 오래 전부터 명확하게 제시되어 왔다. 우리나라에서는 신라의 원효 대사가 무애행을 하며 아미타불을 염송하여 염불 수행을 널리 전파시켰고, 보조 국사 지눌은 《염불요문》을 저술하여 진여염불眞如念佛[25]을 권장함으로써 염불을 하나의 수행법으로 받아들였다.

이처럼 염불과 선을 함께 닦는 것에 대해 중국의 대우大佑[26] 대사는 《정토지귀집淨土指歸集》에서는 다음과 같이 밝히고 있다.

> 선禪도 있고 정토淨土도 있는 경우는 선과 정토를 쌍수雙修하는 것이며, 이것은 뿔 달린 호랑이와 같아서 강한 것은 말할 것도 없고 현세에는 사람들의 스승이 되고 내세에는 불조가 될 수 있다고 하였다. 또 이들은 불법을 깊이 통달하였기 때문에 인천人天의 스승이 될 수 있다.
>
> – 《정토지귀집》상권

---

[25]. 염불하는 마음이 지극해져서 한 성품이 움직이지 않고(一性不動) 원만히 깨달은 큰 지혜(圓覺大智)만이 밝게 드러나는 염불을 말한다.

[26]. 중국 명나라 때의 천태종 스님이다. 화엄학과 마하지관, 천태학에 능하였으며 저서로 《정토지귀집》《아미타경약해》《정토해행이도》 등이 있다.

역대 유명한 선사들은 정토에 대해 직접 언급하거나 선과 염불을 함께 닦을 것을 권유했다. 서산 대사도 '염불이 곧 참선이요 참선이 곧 염불'이라고 하며 염불을 권장하였다. 또한 선가禪家의 수행 지침서인 《선가귀감禪家龜鑑》에서 이렇게 말하고 있다.

> 적문迹門에서는 진실로 극락세계에 있는 아미타불이 48대원을 두니, 누구나 열 번만 염불하는 이는 그 원의 힘으로 연꽃 태 속에 왕생하여 바로 윤회에서 벗어난다는 것을 삼세의 모든 부처가 다 같이 말했고 시방세계의 보살들도 모두 그곳에 왕생하기를 원하는 것이다. 하물며 고금에 극락세계에 왕생한 사람들의 행적이 분명하게 전해오고 있으니, 바라건대 공부하는 이들은 삼가 그릇 알지 말고 힘쓰고 힘쓸지어다.
>
> – 《선가귀감》

또 같은 책에서 훌륭한 조사 스님들이 염불 수행을 권장했음을 다음과 같이 밝히고 있다.

> 또 마명 보살이나 용수 보살이 다 조사 스님이지만 분명히 말해서 왕생하는 길을 간절히 권했거늘

나는 어떤 사람이기에 왕생의 길을 닦지 않을 것
인가.

― 《선가귀감》

 육조 혜능 대사는 "오직 아미타불을 지니고 다른 생각이 없으면 손가락 틈길 사이도 없이 서방극락에 가리라"라고 하였고, 1,300년경 중국의 유칙 대사는 "염불과 참선이 같지 않다고 의심하는 이가 있는데, 그것은 '참선이란 다만 마음을 알고 성품을 보려 함이요, 염불은 자기 성품이 미타요 마음이 곧 정토'임을 모르는 데서 오는 것이니, 어찌 그 이치에 둘이 있으랴"라고 말했다. 이와 같이 중국과 우리나라의 역대 조사들 가운데 많은 분들이 선과 염불을 함께 닦을 것을 역설하였다. 그리고 이와 같은 관점에서 염불을 선과 접목시켜 체계화한 것이 염불선念佛禪이다.
 염불선은 실상염불의 염불선과 염불 화두선 두 가지로 나누어 말할 수 있다. 먼저 실상염불의 염불선은 염불하면서 닦는 선 또는 실상實相을 염하고 관하면서 닦는 선이란 뜻이다. 실상, 즉 진리를 조용히 비추어 보는(觀照) 염불로서, 부처님의 본래 법신法身이 실재 있는 것이라고도 할 수 없고 없는 것이라고도 할 수 없는(非有非空) 중도실상中道實相의 묘심妙心임을 조용히 비추어 보는 염불이다.
 《대지도론》에 '근기가 수승한 사람[上根人]의 염불'은 곧 염불선을 말한다.

염念이란 각 사람마다 일으키는 현재의 한 생각을 말하고, 불佛이란 사람마다 깨달은 참성품이다. 지금 한 생각으로 불성을 깨달아 간다면, 이는 곧 근기가 수승한 사람의 염불로서, 부처와 하나임을 확인하는 것이고, 본래부처인 자리를 떠나지 않는 수행이다.

― 《대지도론》

또한 《관무량수경》에는 다음과 같이 염불에 대해 언급하고 있다.

모든 부처님은 바로 법계法界27를 몸으로 하는 것이니 일체 중생의 마음 가운데 들어 계시느니라. 그러므로 그대들이 마음에 부처님을 생각할 때 이 마음이 바로 32상相과 80수형호隨形好를 갖춘 원만 덕상德相이니라. 이 마음으로 부처님을 이루고 이 마음이 바로 부처님이니라.

― 《관무량수경》

27. 전 우주의 존재법과 진리가 표출된 세계로 우주 만법의 본체인 진여眞如를 말한다. 법계는 현실 그대로의 세계를 의미할 뿐만 아니라 그렇게 존재하게 하는 이 전 우주의 존재를 법, 즉 진리의 표출이라는 의미로 진여 또는 법성法性으로 보기도 한다.

실상이며 법계인 부처님을 염하고 관하는 염불은 곧 참선과 다름없어 염불선이라 할 수 있다.

청화淸華, 1923~2003 스님은 은사이신 금타金陀 화상이 저술한 〈보리방편문〉에 근거하여 실상염불의 염불선을 일반 불자들에게 널리 보급하였다. 〈보리방편문〉은 아미타불의 실상을 관하고 염하여 일상삼매와 일행삼매를 얻고, 궁극에는 실상삼매와 보현삼매를 얻어 성불한다는 가르침이다.

다음은 염불 화두선이다.

역사적으로 한국 불교계에서 염불 화두선을 강조한 스님은 고려 말 태고 보우와 나옹 혜근 스님이다. 중국의 임제종의 법맥을 직접 들여왔을 뿐만 아니라 철저한 간화선 수행자였던 두 스님이 염불 화두선을 주창하였다는 점은 흥미롭다.

아미타불이 나의 본래 성품자리이며, 나의 마음이라는 자성미타·자심미타의 주장은 영명 연수 스님의 영향을 받은 보조 지눌 스님에게서 나타난다. 그런데 태고 보우 스님이나 나옹 혜근 스님은 여기서 한 걸음 더 나아가, 자신에게 찾아온 염불 수행자에게 '염을 하는 이 사람이 누구인가' 하고 물어 자연스럽게 화두에 들게 한다. 이에 대해 《태고화상어록》에서는 다음과 같이 표현되어 있다.

> 아미타불의 이름을 마음속에 두어 언제나 잊지 않고, 생각 생각에 틈이 없도록 간절히 참구하고 간절히 참구하십시오. 그리하여 생각과 뜻이 다하거든 '염하는 이 사람이 누구인가?' 하고 관찰하십시오. 이렇게 자세히 참구하고 또 참구하여, 이 마음이 홀연히 끊어지면, 자성미타가 앞에 우뚝 나타날 것이니 힘쓰고 힘쓰십시오.
>
> — 《태고화상어록》

  수행이란 오랫 동안 쌓인 업業을 정화하여 본래면목을 회복하는 길이다. '본래성불' '돈오견성'을 주장하는 간화선은 몰록 본래면목을 회복하여 일시에 깨달음에 이를 수 있는 장점에도 불구하고, 과거의 업장이 두터운 사람들은 접근하기 어려운 측면이 있다. 아미타불이란 바로 본래성품이며, 본래 마음이다.

  태고 보우 스님은 아미타불을 찾는 수행자에게 '무자 화두'를 제시하는 대신 간절히 아미타불을 찾으라고 권한다. 그러다가 성숙해지면 '염불하는 이 사람은 누구일까?'라고 관찰하라는 것이다. 그러다 보면 '마음과 눈과 부처의 명호'가 한 덩어리가 되어 간화선에서 말하는 동정일여·몽중일여·오매일여의 경지를 경험하게 된다. 그러다가 몰록 아미타불의 진신眞身이 눈앞에 우뚝 나타나게 되는 것이다.

나옹 혜근 스님 또한 이러한 말씀을 하신다.

옷을 입고 밥을 먹거나, 말하고 서로 문답하거나, 어떤 일을 할 때나, 어디서나 항상 아미타불을 간절히 생각하시오. 끊이지 않고 생각하며 쉬지 않고 기억하여 생각하지 않아도 저절로 생각나는 경지에 이르면 나(나옹)를 기다리는 마음에서 벗어나고 또 억울하게 육도에 헤매는 고통을 면할 수 있을 것이오. 간절히 부탁하오. 게송을 들어 보시오.

아미타부처님 어느 곳에 계신가!
[阿彌陀佛在何方]
간절히 마음에 새겨 잊지 말라.
[着得心頭切莫忘]
생각하고 또 생각하여 마음이 다한 곳에 이르면
[念到念窮無念處]
이 몸에 항상 자금색 광명이 빛나리라.
[六門常放紫金光]

― 《나옹화상어록》〈答妹氏書〉

그렇다면 태고 보우 스님이나 나옹 혜근 스님이 주창한 염불 화두선의 원래 주창자는 누구일까? 태고 보우 스님은 '무자 화두'를 참구하여 국내에서 깨침을 얻은 후에 중국으로 건너가 임제종의 석옥 청공 스님에게 인가를 받아 귀국한다. 태고 보우 스님을 인가한 청공 스님에게서 '염불 화두선'을 주창한 흔적은 보이지 않는다. 또한 나옹 혜근 스님에게 법을 전한 평산 처림 스님에게서도 마찬가지로 '염불 화두선'을 강조한 흔적은 보이지 않는다.

'염불 화두선'은 태고 보우 스님이 휴유암에 은거하였던 몽산 덕이 스님으로부터 받은 영향이라 할 수 있다. 몽산 덕이 스님은 '염불 화두법'이란 구체적인 용어를 사용하여 이렇게 지도하고 있다.

> 나무아미타불을 염하는 24시 행주좌와 가운데에서 혀를 움직이지 말고 또한 마음을 어둡게 하지 마십시오. 이때 '염불하는 이는 누구인가'를 때때로 점검하여 스스로 반조返照하여 보십시오. 이 몸은 헛되고 임시로 빌린 것이라 오래지 않아 죽고 결국은 흩어집니다. 이때 '염불하는 자는 어디로 돌아가는가' 이와 같이 공력을 사용하여 날이 가고 달이 깊어지면, 자연히 색신色身을 여의기 전에 서방에 이르러 아미타불을 친견할 것입니다.
>
> － 《몽산화상법어록》

염불 수행을 하는 수행자에게 '염불하는 자는 어디로 돌아가는가' 하는 화두를 들게 함으로써 그 결과 서방에 이르러 아미타불을 친견할 것이라고 몽산 덕이 스님은 말씀하신다.

이러한 덕이 스님의 가르침을 태고 보우 스님은 잘 계승하여 발전시키고 있다. 태고 보우 스님은 '낙암 거사에게 염불의 요점에 대해 주는 글'에서 이렇게 말한다.

> 만약 상공께서 진실로 하시려면 다만 바로 본성이 아미타불인 줄을 염하여서 온 종일 모든 행위에서 아미타불의 명호를 내어 마음속과 눈앞에 두어서 '심心' '안眼' '불명호佛名號'가 한 덩어리가 되어 마음이 한결같이 이어지고 생각 생각이 어둡지 않고 밝게 하여야 합니다. 그리고 때때로 '이 생각하는 자가 누구인가'를 은밀히 돌이켜보십시오. 이렇게 오래오래 계속하면 어느 사이에 마음의 생각이 끊어지고 아미타불의 참몸이 뚜렷이 앞에 나타나리다. 이때를 당하면 비로소 '옛 부터 움직이지 않는 것을 부처라 한다(舊來不動名爲佛)'라고 한 말씀을 믿게 될 것입니다.
>
> — 《태고화상어록》상권

이와 같이 '아미타불의 이름'을 염해서 참구하고, 이어 '이 생각하는 자가 누구인가' 하는 것을 참구하고, 이어 이 마음이 끊어지면 자성미타가 우뚝 나타난다는 염불 방법을 제시하고 있음을 볼 수 있다. 이러한 것이 염불 화두선의 모습이다.

2
부처님의 의미에 따른 염불

불보살님들마다 명호가 각각 다르다. 그 명호의 의미가 무엇인가에 따라 염불을 나눌 수 있다. 이것을 구체적으로 논한 사람은 용수 보살 Nāgārjuna, C.E. 150~250이다. 용수 보살은 《십주비바사론十住毘婆沙論》에서 색신염불色身念佛과 법신염불法身念佛, 실상염불實相念佛, 십호염불十號念佛 등을 언급하고 있다.

1) 색신염불

색신염불色身念佛이란 32상 80종호로 되어 있는 부처님의 육신을 지극하게 염하는 것이다. 부처님은 색신 자체가 그대로 공덕의 몸이다. 부처님의 색신에는 무량한 불법공덕佛法功德이 들어 있다. 그렇기 때문에 부처님의 색신을 염하면 공덕이 생기는 것이다. 용수 보살은 이와 같은 공덕력을 갖춘 부처님의 색신을 염하는 사람은 머지않아 일체 지혜를 얻고 성불한다고 말하였다.

2) 법신염불

《십주비바사론》의 〈사십불공법품四十不共法品〉 가운데 제22에는 법신염불法身念佛에 대하여 이렇게 설하고 있다.

> 보살은 이와 같이 32상 80종호로써 부처님의 몸을 염하고 나서 이제 마땅히 부처님의 모든 공덕의 법을 염해야 한다. 또 마땅히 40불공법不共法으로써 부처님을 염하라. 모든 부처님의 법신은 다만 육신이 아니기 때문이니라. …(중략)…모든 부처님은 육신이 아니고 법신이기 때문이다.
>
> — 《십주비바사론》 〈사십불공법품〉제22

여기서는 먼저 부처님의 색신을 염하고 난 후 부처님의 법신을 염하라고 했다. 이 법신에는 40불공법이 있기 때문이라는 것이다. 불공법이란 성문 연각 등과 공통되지 않는, 불보살님들만이 갖추신 특유의 공덕법功德法을 말한다. 부처님의 몸은 분명 색신의 형상을 하고 있다. 그러나 그 색신이란 항상하는 것이 아니다. 그렇기 때문에 색신을 통하여 법신을 보아야 하는 것이다.

색신염불이 깊어지면 법신염불을 해야 한다. 모든 부처님의 몸은 실상 색신이 아니고 법신이기 때문이다.

3) 실상염불

《십주비바사론》〈조염불삼매품助念佛三昧品〉제25에서는 실상염불實相念佛에 대하여 이렇게 논하고 있다.

> 이렇기 때문에 수행자는 먼저 색신불을 염하고 이어서 법신불을 염한다. 왜냐하면 처음 발심한 보살은 마땅히 32상 80종호로써 부처님을 염하여 점점 깊이 들어가 중세력中勢力을 얻고 난 후 마땅히 법신염불을 하라. 그렇게 하면 마음이 점점 깊이 들어가 상세력上勢力을 얻게 된다. 그리고 난 후 마땅히 실상염불로써 탐하거나 집착하지 않아야 한다.
>
> – 《십주비바사론》〈조염불삼매품助念佛三昧品〉제25

여기서 용수 보살은 염불을 색신염불 → 법신염불 → 실상염불의 순서로 논하고 있음을 알 수 있다. 이것은 염불 수행의 차례로 처음 발심한 보살은 염하기 쉬운 색신염불에서부터 시작해야만 궁극의 목적인 실상까지 도달할 수 있다고 한 것이다.

용수 보살이 말하는 실상염불은 어떤 것인가? 실상으로써 염불하는 것은 어느 곳에도 탐착하지 않는 것이다. 색신불은 물론 법신불에도 집착해서는 안 된다.

> 색신에 집착하지 않고 법신에도 집착하지 않아 능히 일체법을 알아서 영원히 고요함을 허공과 같이 해야 한다. 이 보살은 상세력上勢力을 얻어 색신불이나 법신불에도 탐착하지 않는다. 왜냐하면 공법空法을 믿고 바라기 때문에 모든 법이 허공과 같은 줄 알기 때문이다. 허공이라고 하는 것은 장애가 없기 때문이다.
>
> — 《십주비바사론》

실상염불은 공空을 믿고 즐거워(信樂)하여 모든 법이 허공과 같은 줄 아는 것으로, 이것이 용수 보살이 생각하는 염불의 본뜻이라고 할 수 있다.

실상염불이란 색신과 법신에도 집착하지 않는 중도의 실천으로써 반야공般若空 사상을 기초로 한 공관염불空觀念佛이다. 용수 보살은 실상염불을 《십주비바사론》에서 진염불眞念佛이라고 표현한다.

> 진불眞佛을 염한다고 하는 것은 색色을 사용하는 것도 아니고, 상相으로써 하는 것도 아니며, 생生

> 으로써 하는 것도 아니며, 성性으로써 하는 것도
> 아니다. …(중략)… 부처님의 모든 법을 사용하지
> 않고 여실히 염불하는 것이 무량하고 불가사의하
> 다. 수행도 없고 아는 것도 없으며 아我와 아소我所
> 가 없으며 …(중략)… 생기는 모습도 없다. 법성法
> 性을 섭수하여 안색眼色이 허공의 도를 초월한 이
> 와 같은 상相을 이름하여 진염불眞念佛이라 한다.
> 　　　　　　　　　　　　　－《십주비바사론》

　색상色相 등 모든 법을 사용하지 않고, 안색眼色28이 허공의 도를 초월한 것을 진염불이라고 말하고 있다. 이것은 보살의 수행도로써 공관삼매空觀三昧이다. 용수 보살에게 있어서 염불의 목적은 서방정토에 왕생하는 것이 아닌 삼매를 통하여 실상을 볼 수 있는 지혜를 얻는 데 있다.

4) 십호염불

　십호염불十號念佛은 수행에 장애가 있을 때 해야 할 방법이다. 즉《십주비바사론》에서 "처음 발심한 보살은 마땅히 십호十號의 묘상妙相으로써 염불해야 한다"라고 설한다. 처음 발심한 보살은 십

---

28. 육근 육진의 12처를 뜻한다.

호의 묘상으로써 염불하면 부처님을 잃어버리지 않는 것이 마치 거울 속에 나타난 모습을 보는 것과 같다.

십호란 이른바 여래如來 · 응공應供 · 정변지正遍智 · 명행족明行足 · 선서善逝 · 세간해世間解 · 무상사無上士 · 조어장부調御丈夫 · 천인사天人師 · 불세존佛世尊 등이다.

용수 보살은 실상염불을 논하고 난 후 다시 이 십호염불을 언급하고 있다. 색신염불 · 법신염불 · 실상염불(眞念佛)을 논하여 결론을 내린 후 무엇 때문에 다시 처음 발심한 보살이 십호염불을 해야 한다고 강조하였을까?

그 까닭은 다음과 같다.

첫째, 아직 천안天眼을 얻지 못한 처음 발심한 보살이라도 수행하기 쉬운 십호염불로써 염불하여 부처님이 거울 속에 나타난 모습을 보는 것과 같이 한다면 반주삼매般舟三昧가 성취될 수 있기 때문이다. 실상염불은 장애가 없는 경지의 상근기 염불이다. 따라서 처음 발심한 보살은 수행하기 어렵다. 그러나 십호염불이란 많은 장애가 있는 하근기의 사람이라도 쉽게 접근할 수 있으며, 십호염불을 하면 삼매를 성취할 수 있는 것이다.

둘째, 십호는 부처님이 가지고 있는 공덕의 표상으로, 이를 염하는 사람은 무량한 공덕을 성취한다. 아미타불 명호에도 무량광 · 무량수의 공덕이 있듯이 이 십호 자체에 공덕이 있기 때문에, 처음 발심한 보살이라도 십호를 염하면 반주삼매가 성취된다. 따라서 실상염불이 어려운 사람이 택할 수 있다. 이는 이행문易行門에 근거를 둔 용수 보살의 본의다.

　그래서 용수 보살은 《대지도론》에서 염불이란 수행자가 일심으로 부처님을 염하여 여실지혜如實智慧를 얻고 대자대비를 성취하기 때문에 착오가 없다고 하였다. 또한 반드시 부처님 십호의 명호로 부처님을 염해야 한다고 하였다.

3
염불 대상에 의한 분류

염불의 대상은 아미타불이어야만 하는 것일까?

꼭 그렇지는 않다. 석가모니불, 약사여래불, 관세음보살 등 여러 불보살님을 염하거나 칭명할 수 있다. 아미타불을 염하면 아미타불 염불이 되고 석가모니불을 염하면 석가모니불 염불이 된다. 또한 관세음보살을 염하면 자연히 관세음보살 염불이 되는 것이다.

그런데 불교에서는 왜 이렇게 많은 불보살님들을 대상으로 염불하는 것일까? 불보살님들의 원願이 다르기 때문이다.

불보살님들의 구제력은 그분들의 원력에 의하여 생기는 것이고 각각 그에 따른 대표적인 공덕을 갖추고 있다. 불보살님들의 원력은 각각 차이가 있다. 약사여래불은 몸이 아픈 중생을 구제하기 위한 원을 세우셨고, 지장보살님은 지옥중생을 구제하겠다는 원을 세우셨다. 그렇기 때문에 우리가 불보살을 찾아 염을 할 때 각자의 소망과 서원의 성격에 따라서 자신에게 맞는 공덕을 갖춘 불보살을 염하는 것은 아주 자연스러운 것이다.

우리가 염불을 하는 데는 다음과 같은 이유와 목표가 있다.
첫째, 자신이 염하는 불보살에게 귀의하고 찬탄하고자 하는 것이다.
둘째, 불보살님의 원력이나 공덕에 따른 가피력으로 고통에서 벗어나고자 하는 것이다.
셋째, 염하는 불보살님에 의지해 원력과 신심을 보다 굳건히 해나가서 소망을 성취하기 위한 것이다.
넷째, 염불을 통하여 부처님이나 보살님처럼 되고자 하는 것이다. 간절히 염하며 닮아 나아가고자 하여 마침내 스스로 그러한 불보살이 되고자 하는 것이다. 이것은 설사 나쁜 죄를 지은 사람이라도 지극한 마음으로 염불하면 가피를 입게 된다는 것을 보여주는 대목이다.

1) 석가모니불 염불

깨달음의 종교인 불교는 석가모니부처님의 깨달음으로부터 출발하였다. 따라서 석가모니부처님을 염하는 것은 대승불교 이전부터 자연스럽게 있어 왔다.

현재 우리나라 각 사찰에서는 석가모니부처님이 탄생하신 4월 8일, 출가하신 2월 8일, 성도하신 12월 8일, 열반하신 2월 15일이면 '석가모니불'의 명호를 부르면서 정진한다. 이것이 바로 석가모니불 염불이다.

'석가모니불'은 언제부터 염하게 된 것일까? 그 근원은 초기불교에서의 '나무불南無佛'이라 할 수 있다. 초기불교에서 부처님은 석가모니부처님 한 분을 지칭하고 있기 때문이다.

역사적으로 석가모니부처님 이외에 다른 부처님이 등장하게 된 것은 석가모니부처님 입멸 후 부파불교를 거쳐 대승불교에 들어오면서부터다. 여러 부처님이 출현하게 된 대승불교에서 '나무불'이라고 한다면 공간적으로는 시방에 계신 모든 부처님, 시간적으로는 과거·현재·미래에 계신 모든 부처님께 귀의하는 것이다.

따라서 정토신앙에 있어서도 석가모니부처님은 중요한 신앙의 대상이다. 그런 까닭에 석가모니부처님이 법을 주로 설한 영축산을 영산정토靈山淨土라 하여, 부처님이 열반하신 후에도 영원히 이곳에 머물며 법을 설한다는 믿음이 있게 된 것이다.

대승경전에도 석가모니부처님을 염하는 내용이 나타난다. 《법화경》의 〈여래신력품如來神力品〉에 이러한 대목이 있다.

저 모든 중생들이 허공 가운데서 나는 소리를 듣고 나서 합장하고 사바세계를 향하여 '나무석가모니불, 나무석가모니불'이라고 하였다. 그러자 여러 가지 꽃과 향, 영락, 당번幢幡, 몸을 장엄하는 장신구, 보물을 가지고 모두 함께 멀리 사바세계에 뿌렸다. 뿌려진 모든 물건은 시방세계로부터 온 것으로 마치 구름이 모이듯 하였다.

- 《법화경》〈여래신력품〉

《법화경》은 대승불교의 핵심경전이다. 여기에서 '나무석가모니불'이라고 염불하여 그 공덕으로 시방세계로부터 많은 보물을 받고 있음을 볼 수 있다.

또 《대방편보은경》에는 도적들이 '나무석가모니불'을 염하는 일화가 나온다. 그 내용을 살펴보면, 석가모니불을 부르는 공덕에 대한 내용이다. 한때 오백 명의 도적들이 갇혀서 육체적인 고통을 받고 있었는데, 그 도적 중 한 사람이 부처님의 제자였다. 그는 다른 도적들에게 권하여 '나무석가모니불'을 부르게 하였다. 드디어 오백 명의 도적들이 모두 석가모니부처님께 귀의하였고, '나무석가모니불'이라고 다 함께 염불하였다. 그 결과 오백 명의 도적들이 모두 신체적 고통이 제거되었다고 한다.

2) 아미타불 염불

우리가 가장 많이 염하는 염불의 대상은 아미타불이다. 정토삼부경으로 알려진 《무량수경》《관무량수경》《아미타경》 등에서 아미타불의 원과 아미타불을 염하는 방법, 그 공덕에 대하여 말하고 있다.

《무량수경》에는 법장 비구가 "만약 내가 부처를 이룰 때에 시방의 중생들이 지극한 신심과 환희심을 내어 나의 국토에 왕생하고자 하여 나의 이름을 열 번을 부르고도 왕생하지 못한다면, 나는 결단코 부처가 되지 않겠습니다"라고 원을 발한 내용이 나온다. 또한 "모든 중생은 그 명호를 듣고 기쁜 마음으로 신심을 내어 한 생각이라도 지극한 마음으로 저 국토에 태어나기를 원하면 곧 왕생하여 불퇴전의 자리에 오른다"라는 내용이 있다.

이와 같이 발원한 법장 비구는 그 원에 의하여 아미타불이 되셨고, 시방세계의 일체중생을 구제할 수 있는 힘을 얻게 된 것이다. 따라서 어떤 중생이라도 열 번이 아니라 한 번만이라도 지극한 마음으로 아미타불을 염한다면 누구나 서방의 극락정토에 왕생할 수 있는 것이다.

《관무량수경》에서도 아미타불 염불은 강조되고 있다.

〈하품상생〉에서는 "또 지혜 있는 사람이 가르치기를, 합장하고 '나무아미타불' 하며 부처님 명호를 부르게 하여 그 부르는 공덕으로 오십억겁 생사의 죄를 제거하느니라"라고 하였다. 또 〈하품하생〉에서는 "선지식이 또 그대가 만약 부처님을 생각할 수 없으면 무량수불을 불러라. 이와 같이 지극한 마음으로 소리가 끊어지지 않게 하여 십념을 구족하여 나무아미타불' 하며 부처님 명호를 부르는 까닭에 생각 생각 가운데 팔십억겁 생사의 죄가 제거되느니라"라고 하였다. 아미타불 염불에 의해 죄가 멸하게 되고, 정토에 왕생하는 것을 강조하고 있다.

또 《아미타경》에서도 역시 아미타불 염불을 강조한다. 극락세계에 왕생하는 것은 오로지 아미타불에 대한 염불로써만 가능한 것이지 세속에서 짓는 여러 가지 선근으로는 될 수 없다고 하였다. 이와 관련하여 다음의 내용을 보자.

> 조그마한 선근 복덕으로는 저 국토에 태어날 수가 없느니라. 만약 선남자 선여인이 아미타불에 대한 설법을 듣고 명호를 지니어 혹은 하루, 혹은 이틀, 혹은 사흘, 혹은 나흘, 혹은 닷새, 혹은 엿새, 혹은 이레 동안 일심으로 마음이 흐트러지지 아니하면 그 사람의 임종 시에 아미타불이 모든 성중과 함께 그 사람 앞에 나타나시느니라.
> – 《아미타경》

이상이 정토삼부경에서 말한 아미타불 염불이 이루어진 근거와 방법 및 공덕이다.

3) 약사여래불 염불

인간이라면 누구나 겪게되는 것이 생로병사다. 이 생로병사의 네 가지 괴로움 중 하나가 병고病苦다. 그래서 누구나 병고로부터 벗어나기를 바라게 된다. 이러한 인간들의 간절한 소망을 들어주기 위하여 원을 세우고 수행하여 부처가 되신 분이 바로 약사여래불藥師如來佛이다.

약사여래불 염불에 대해 가장 명료하게 나타나 있는 경은《약사유리광칠불본원공덕경》이다. 이 경에는 약사여래의 원을 자세히 설명하고 있다.

> 내가 내세에 위없는 보리를 완성하였을 때 만약 온갖 병과 괴로움으로 시달리고 그 몸이 열병과 학질과 벌레와 허깨비와 기시귀(起屍鬼 : 죽은 사람의 시신에 붙은 귀신)의 괴롭힘을 받고 해를 받는 중생이 있어 지극한 마음으로 나의 이름을 부르면, 그 염불의 힘으로 말미암아 그 병과 괴로움이 다 없어지고 끝내는 위없는 보리를 증득하게 하리라.
>
> -《약사유리광칠불본원공덕경》

이와 같이 약사여래의 원에 의하여 우리가 온갖 병에 시달릴 때 약사야래를 염하면 그 병이 다 치료될 수 있는 것이다. 또 선행을 닦지 않아 마땅히 지옥에 떨어져 온갖 고통을 받아야 할 중생이 있더라도 지극한 마음으로 약사여래의 이름을 부르면, 그 염불의 힘으로 모든 업장은 물론 무간지옥에 갈 죄까지도 다 없어져 악취惡趣에 떨어지지 않게 된다.

그런가 하면 재물에 궁핍한 중생이 염불하면 갖가지 재물을 충분히 얻으며, 온갖 죄를 지어 형틀에서 고통을 받을 때 염불하면 그 괴로움에서 벗어나게 된다.

또한 험난한 곳에서 사나운 짐승을 만나 목숨이 위급할 때 염불하면 그 두려움에서 벗어나며, 싸움으로 인해 근심과 걱정이 있을 때 염불하면 근심과 걱정이 해결된다. 또 강과 바다에서 폭풍을 만나 위급할 때 염불하면 중생이 원하는 대로 강과 바다가 평온해진다.

이렇게 약사여래를 염하면 많은 공덕을 얻게 된다. 그렇다면 어떻게 약사여래를 염불해야 할까?

《약사유리광칠불본원공덕경》에서는 만약 병든 사람이나 여러 가지 어려움에 처해 있는 사람이 7일 동안 팔관재계八關齋戒29를 받

---

29. 재가자가 하룻동안 받아 지키는 계율을 말한다. '① 산 생명을 죽이지 말라, ② 훔치지 말라, ③ 음행하지 말라, ④ 거짓말 하지 말라, ⑤ 술 먹지 말라, ⑥ 꽃다발 쓰거나 향 바르고 노래하고 풍류를 즐기지 말며 가서 구경하지 말라, ⑦ 높고 넓고 잘 꾸민 큰 평상에 앉지 말라, ⑧ 때 아닌 때에 먹지 말라'는 8가지 계율이다. 이 가운데 ⑦번까지 항목은 계戒에 해당하며, ⑧번 항목은 재齋에 해당한다. 팔재계八齋戒・팔계재八戒齋・팔계八戒・팔지재법八支齋法・팔소응리八所應離라고도 한다.

고, 여러 가지 공양물로 부처님께 공양하면서, 이 경전을 49번 독송하고, 49개의 등을 밝히고, 부처님의 명호를 부르면, 모든 것이 원하는 대로 이루어진다고 하였다.

4) 관세음보살 염불

염불이라고 해서 꼭 부처님만을 염하는 것은 아니다. 우리나라에서는 보살의 명호를 부르며 염불을 하기도 한다. 관세음보살觀世音菩薩이 그 대표적인 분이다.

관세음보살은 중생이 고통에 시달려 신음할 때 그 소리를 듣고 고통으로부터 구제해주는 자비의 화신이다. 천 개의 눈으로 중생의 갖가지 고통을 다 살펴보시고, 천 개의 손으로 그 고통을 모두 어루만져주시는 대자비의 보살이다.

관세음보살이 상주하는 정토는 보타락가산이다. 아미타부처님의 서방정토, 아촉불의 동방정토 등이 공간적으로 우리가 사는 이 사바세계로부터 멀리 떨어져 있다면, 관세음보살님의 정토는 우리가 사는 이 사바세계 안에 있다.

보타락가는 보타寶陀, 백화白華, 소화수小花樹 등으로도 부른다. 인도와 중국에 보타락가산이 있고, 양양 낙산사의 '낙산洛山'이 바로 보타락가산이다. 의상 대사는 낙산사를 창건하고 〈백화도량발원문〉을 지어 낙산사를 관음신앙의 성지로 만들었다.

관세음보살의 명호를 부르라고 강조한 경전은 《법화경》이다.

《법화경》의 〈보문품普門品〉에는 관세음보살의 명호를 부르면 많은 공덕이 있다고 여러 차례 설하고 있는데, 그 가운데 두 가지만 인용해 보면 아래와 같다.

> 선남자야, 만일 한량없는 백천만억 중생이 모든 고뇌를 받을 때에 이 관세음보살의 이름을 듣고 일심으로 부르면 관세음보살이 즉시 그 음성을 듣고 다 해탈을 얻게 하느니라.
>
> 바다에서 흑풍黑風이 불어 배가 표류하여 멀리 나찰귀의 나라에 떨어지게 되었을지라도, 만일 한 사람이라도 관세음보살의 명호를 부르면 이 모든 사람들이 다 나찰의 환난을 벗어나게 되리라. 이 인연으로써 이름을 관세음이라 하느니라.
>
> – 《법화경》 〈보문품〉

어떤 역경에 처해 있을지라도 지극한 마음으로 관세음보살의 명호를 부르면 관세음보살은 이 소리를 듣고 와 구원해주신다. 특히 옛날에는 주요한 운송수단이었던 배가 바다에서 표류할 때 한 사람이라도 관세음보살을 염하면 그 배에 있는 모든 사람이 환란으로부터 벗어날 수 있다고 하였다. 관음신앙이 해양을 중심으로 발달한 이유는 이러한 관세음보살의 원력 때문일 것이다.

5) 지장보살 염불

관세음보살 염불과 더불어 보편화된 염불이 지장보살地藏菩薩 염불이다. 지장보살은 지옥에 있는 중생들을 모두 구제하기 전까지는 부처가 되지 않겠다는 대원大願을 세우신 분이다.

지장보살은 도리천忉利天에서 석가모니부처님으로부터 부촉을 받고 매일 아침 선정에 들어 중생들의 근기를 관찰하시고 있다. 석가모니부처님께서 열반하시고 난 뒤 미륵불이 출현할 때까지 몸을 육도에 나투시며 천상에서 지옥까지의 일체중생을 교화하는 대자대비의 보살이다.

우리나라에서는 근래에 들어 지장신앙이 많이 신행되고 있다. 지장신앙의 신행활동은 주로 지장보살의 형상을 조성하여 그 앞에서 《지장경》을 독송하거나 공양물을 바치면서 찬탄하는 것이지만, 명호를 부르며 염불하는 수행도 강조되고 있다.

지장보살 염불은 《지장보살본원경》에 나타난 지장보살의 원에 근거한 수행이다.

> 만약 미래세에 선남자 선여인이 있어 이 보살의 명호를 듣고서 혹은 찬탄하고 혹은 우러러 예배하며, 혹은 명호를 부르고 혹은 공양을 올리고 혹은

그 형상을 그리고 조성하면 이 사람은 마땅히 백
번을 거듭 삼십삼천에 태어날 것이며 길이 악도惡
道에 떨어지지 않을 것이다.

— 《지장보살본원경》

또 참회를 하고 악도의 고통으로부터 벗어나려면 지장보살을 찾아 만 번을 염해야 한다고 밝히고 있다.

만약 미래세에 비천한 모든 사람들, 즉 노비와 자유
롭지 못한 여러 사람들이 숙업을 깨달아 참회하려
고 한다면 지극한 마음으로 지장보살의 형상에 우
러러 절하고, 또는 7일 동안 보살의 이름을 염하여
만 번을 채워야 하느니라. 이와 같이 하면 그들은
지은 업보가 다한 다음, 천만 생 동안 항상 존귀하
게 태어나 다시는 삼악도의 고통을 겪지 않으리라.

— 《지장보살본원경》

지장보살에게 예배하고 염불하는 수행에 의해 오랜 세월 동안 지은 죄업이 소멸되어 다시는 이러한 고통을 받지 않고 좋은 과보를 받게 된다는 것이다. 그리고 천만 생 동안 항상 존귀하게 태어난다는 것이다.

4
여러 가지 염불 수행문

염불 수행문은 4종 염불, 5종 염불, 10종 염불 등으로 분류할 수 있다.

1) 4종 염불

부처님의 명호와 형상, 그리고 수행 단계에 따라 4종으로 염불을 분류하여 구체적으로 논한 사람은 당나라 화엄종의 대가인 종밀宗密 스님이다.

종밀 스님은 《화엄경행원품소초》에서 칭명염稱名念, 관상염觀像念, 관상염觀想念, 실상염實相念의 4념을 말하고 있다.

종밀 스님이 말하는 염이란 분명히 마음에 기록하여 잊어버리지 않는 것을 뜻한다. 그 체體는 곧 지혜지만 염이라 한 것은 가깝게 이름하여 나타낸 것뿐이다.

　종밀 스님이 분류한 4종 염불四種念佛은 근기에 따라 수행하는 것으로 낮은 단계의 수행(淺行)에서 점차로 깊은 단계의 수행(深行)에 이르고, 최후에는 실상념實相念에 도달하는 것이다. 종밀 스님은 칭명稱名·관상觀像·관상觀想 등의 염불을 낮은 단계의 수행으로 보았으며, 법신실상法身實相을 관하는 것을 깊은 수행의 염불이라고 하여, 이 실상념을 가장 묘妙하다고 중요시하였다.

　종밀 스님의 염불관은 염불이 정토에 왕생하기 위한 것만이 아니라 일행삼매나 깨달음을 목적으로 한 것이다. 바꾸어 말하면 참된 법신을 깨닫기 위해서 칭명·관상觀像·관상觀想 등 천행염불淺行念佛과 실상의 심행염불深行念佛을 수행하는 것이다. 이러한 사상은 '색신→법신→실상'의 순서에 따라 점차로 수행해 나가는 용수 보살의 염불 사상을 이어받은 것이라 생각된다.

　종밀 스님이 염불을 단계적으로 논한 것은 말법관末法觀에 의해서 근기가 하열한 범부를 위한 것이라 생각할 수 있으나, 결국은 일행삼매와 자성自性을 깨닫기 위한 염불이다.

2) 5종 염불

　당나라 화엄종 제4조인 청량 징관澄觀 스님은 《대방광불화엄경소》에서 다섯 가지 염불문(五種念佛)을 말하고 있다. 이는 주관 작용인 심心과 바깥의 대상인 경境을 중심으로 염불 방법의 모든 경우를 말하고 있다. 이를 자세히 살펴보자.

첫째, 연경염불문緣境念佛門이다.

객관의 경계를 반연하여 염불하는 것을 말한다. 예를 들면 진신眞身 또는 응신應身[30]을 염하며, 혹은 정보正報[31] 또는 의보依報[32]를 염하는 것이고, 부처님의 명호를 부르는 것까지도 전부 객관의 대상을 반연한 염불이라 하였다.

둘째, 섭경유심염불문攝境唯心念佛門이다.

관하는 대상인 의보와 정보 등 두 가지를 포섭하여 '이 마음이 곧 부처고, 이 마음으로 부처를 이룬다(是心是佛是心作佛)'는 것을 관하는 염불문이다.

셋째, 심경구민문心境俱泯門이다.

주관(能觀)인 마음과 객관(所觀)인 경계를 다 함께 잊어버리고, 상相이 끊어져 가히 얻을 것이 없는 상태의 염불문이다.

넷째, 심경무애문心境無礙門이다.

주관인 마음과 객관인 경계가 원융하여 장애되는 일이 없을 뿐 아니라, 사事와 이理 2가지를 다 비추고, 있고 없는 것을 두루 융섭

---

30. 부처님의 삼신 중 하나로, 중생을 교화하기 위해 중생과 같은 몸을 나타내어 나투시는 부처님을 말한다.
31. 올바른 응보. 직접적인 보답. 과거의 업인業因에 의해 감득한 유정有情의 심신을 말한다.
32. 우리들의 심신에 따라 존재하는 국토, 가옥, 의복, 식물 등의 환경 세계를 말한다.

하는 염불문이다.

다섯째, 중중무진문重重無盡門이다.

즉 하나가 곧 일체고(一卽一切), 일체가 곧 하나(一切卽一)로서 서로 융합하는 것으로 중중무진한 도리를 관하는 것을 말한다.

3) 10종 염불

조선 후기 큰 사찰에는 선당禪堂, 간경당看經堂과 더불어 염불당念佛堂이 있어 염불이 중요한 수행법으로 자리잡았다.

이러한 선·간경·염불의 3가지 수행법을 정리한 책이 진허팔관振虛捌關33 스님이 지은 《삼문직지三門直指》다. 이 책에는 염불과 관련하여 〈염불요문念佛要門〉이 실려 있는데, 여기서 10가지의 염불(十種念佛)을 닦아야 함을 강조하고 있다.

첫째, 계신염불戒身念佛이다.

먼저 살생과 도둑질과 음행을 버려서 몸을 청정히 하고, 계율에 대한 철저한 관념이 있어야 한다. 그리고 몸을 단정히 하고 바로 앉아 서쪽을 향해 합장하고 일심으로 아미타불을 생각하면서 지속적으로 나무아미타불을 염불하는 것을 말한다.

---

33. 조선 후기 영·정조 때의 스님으로 자세한 행적은 전하지 않는다. 저서로 《삼문직지》1권과 《진허집》1권이 전한다.

둘째, 계구염불戒口念佛이다.

우선 거짓말[妄語] · 꾸미는 말[綺語] · 이간질하는 말[兩舌] · 나쁜 말[惡口] 등을 버려야 한다. 말을 삼가고 마음을 가다듬어 몸이 깨끗하고 입이 맑아진 뒤에 한 마음으로 나무아미타불을 공경히 생각하되, 부르는 수가 끝이 없고 생각이 끊이지 않고, 심지어는 입을 잊고 입이 아니어도 저절로 생각이 나는 때를 계구염불이라 한다.

셋째, 계의염불戒意念佛이다.

탐욕 · 분노 · 우치 · 교만 등을 버리고 뜻을 모아 마음을 밝히어 마음의 거울에 생각이 없어져야 한다. 그런 뒤에 한 생각으로 나무아미타불을 깊이 부르는 수가 끝이 없고 생각이 끊이지 않고, 심지어는 뜻을 잊고 뜻이 아니어도 저절로 생각이 나는 때를 계의염불이라 한다.

넷째, 동억염불動意念佛이다.

마땅히 십악을 제거하고 십계를 바로 지켜 돌아다니거나 갑작스러운 일을 당했을 때도 일념으로 나무아미타불을 생각해야 한다. 그것을 부르는 수가 끝이 없고 생각이 끊이지 않아 심지어는 움직임[動]이 움직임이지 않을 때 이르러서도 저절로 생각이 나는 때를 동억염불이라 한다.

다섯째, 정억염불靜意念佛이다.

십계十戒가 이미 깨끗하여 일념도 어지럽지 않아야 한다. 일이 없어 한가하거나 깊은 밤에 혼자 있을 때 일념으로 온전히 나무아미타불을 염하되, 부르는 수가 끝이 없고 염이 쉼이 없어져서 고요함이 지극하여 움직임에 이르러서도 저절로 염불이 되는 때를 정억염불이라 한다.

여섯째, 어지염불語持念佛이다.

남과 이야기할 때나 아이를 부르거나 나무랄 때, 밖으로는 감정을 따르지만 안으로는 생각이 움직이지 않아야 한다. 한마음으로 나무아미타불을 고요히 생각하되, 부르는 수가 끝이 없고 생각이 끊어짐이 없어, 심지어는 말을 잊고 말이 없어도 저절로 생각이 나는 때를 어지염불이라 한다.

일곱째, 묵지염불默持念佛이다.

입으로는 외는 생각이 지극해지고, 생각 없는 생각은 은밀히 계합해야 한다. 자나깨나 어둡지 않고 움직이거나 가만히 있거나 항상 생각하여 일념으로 나무아미타불을 가만히 생각하되, 부르는 수가 끝이 없고 생각이 끊어짐이 없어, 심지어는 침묵도 잊고 생각하지 않고도 저절로 생각이 나는 때를 묵지염불이라 한다.

여덟째, 관상염불觀想念佛이다.

부처님의 몸이 법계에 충만하고, 묘한 금색 광명이 중생들 앞에 두루 나타난다고 관해야 한다. 부처의 광명이 내 몸과 마음에 비친다고 생각하고, 아래를 내려다봄과 위를 쳐다봄과 보고 듣는 것이 다른 물건이 아님을 알아야 한다.

뜻과 정성이 지극하여 일념으로 나무아미타불을 지극히 생각하되, 부르는 수가 끝이 없고 생각이 끊어짐이 없어, 온종일 사위의 四威儀[34] 가운데서 항상 공경하여 어둡지 않으면 그것을 관상염불이라 한다.

아홉째, 무심염불無心念佛이다.

염불하는 마음이 오래 되어 공空을 이루어 차츰 무심삼매를 얻고, 생각 없는 무심 지혜가 원만하게 된다. 하지 않아도 저절로 원만해지고 받들려 하지 않아도 저절로 받아들여져, 함이 없이 이루어지면 그것을 무심염불이라 한다.

열째, 진여염불眞如念佛이다.

염불하는 마음이 지극해지고 앎이 없는 앎이 저절로 알아져, 지성심至誠心, 심심深心, 회향발원심廻向發願心 등의 삼심三心이 단박에 텅 비어 하나인 성품이 움직이지 않고, 원만히 깨달은 큰 지혜가 환히 홀로 높아지면 그것을 진여염불이라 한다.

---

34. 행주좌와行住坐臥를 말한다.

제5장

염불의 공덕

일반적으로 불교의례가 염불로 구성되어 있기 때문에 염불 하면 흔히 의례로만 생각하는 경향이 있다. 하지만 염불은 그 자체로 오랜 역사를 자랑하는 독립된 수행법일 뿐만 아니라 무한한 공덕이 함께 따른다. 염불의 가장 큰 공덕은 모든 고통에서 벗어나 극락세계에 왕생하는 것이며, 부처님의 법문을 듣고 본성을 깨달아 마침내 성불하는 것이다. 하지만 여러 경전에서는 극락왕생과 성불 같은 염불의 궁극적인 공덕 외에도 갖가지 현세적인 공덕에 대해서 상세하게 열거하고 있다.

    도경道鏡과 선도 대사가 함께 저술한 《염불경念佛鏡》은 염불하는 공덕에 대한 상세한 자료를 담고 있다. 대표적인 것이 선도 대사의 〈염불집念佛集〉이다. 정토종의 제3조로서 정토종의 이론적 근거를 확립하고 독립된 종단으로 대성시켰던 선도 대사는 23가지의 염불 공덕을 기술하고 있다.

1
선도 대사의
〈염불집〉에 나타난 염불 공덕

① 무거운 죄와 장애를 소멸하는 이익〔滅重罪障益〕
② 광명으로 섭수해주시는 이익〔光明攝受益〕
③ 대사들이 잊지 않고 보살펴주시는 이익〔大師護念益〕
④ 보살들이 은밀히 가피를 주시는 이익〔菩薩冥加益〕
⑤ 모든 부처님이 보호해주시는 이익〔諸佛保護益〕
⑥ 팔부신장이 지켜주시는 이익〔八部防衛益〕
⑦ 공덕의 보배가 모여드는 이익〔功德寶聚益〕
⑧ 법문을 많이 듣고 지혜를 얻는 이익〔多聞智慧益〕
⑨ 보리심에서 물러나지 않는 이익〔不退菩提益〕
⑩ 부처님을 받들어 친견하는 이익〔奉覲大雄益〕

⑪ 아미타불이 오셔서 극락세계로 맞이해 가시는 이익
〔感聖來迎益〕

⑫ 자비의 광명이 항상 비치는 이익 〔慈光照觸益〕

⑬ 거룩한 도반들이 함께 찬탄하는 이익 〔聖友同讚益〕

⑭ 거룩한 도반들이 함께 맞이해주는 이익 〔聖友同迎益〕

⑮ 신통으로 공중을 날아다니는 이익 〔神通空駕益〕

⑯ 피부색이 아름다워지는 이익 〔身色殊姿益〕

⑰ 수명이 아득히 길어지는 이익 〔壽命長劫益〕

⑱ 좋은 곳에 태어나는 이익 〔得生勝處益〕

⑲ 눈앞에서 거룩한 대중들을 만나는 이익 〔面觀聖衆益〕

⑳ 항상 묘한 법문을 듣게 되는 이익 〔常聞妙法益〕

㉑ 무생법인을 증득하는 이익 〔證無生法忍益〕

㉒ 타방에서도 부처님을 섬기고 수기를 받는 이익
〔歷事他方受記益〕

㉓ 다시 본국으로 돌아와 다라니를 얻는 이익
〔還歸本國得陀羅尼益〕

선도 대사가 말하는 이상과 같은 염불 공덕은 내용상 크게 두 가지로 분류할 수 있다. ①번부터 ⑩번까지는 살아있는 현세에서 받게 되는 이익을 중심으로 설명하고 있다. 이에 반해 아미타불이 오셔서 나를 맞이해 가는 대목인 ⑪번부터 ㉓번까지는 극락세계에 왕생한 이후에 누리게 되는 극락의 삶에 대해 설명하고 있다.

첫째, 현세의 이익을 보면 중생이 지은 갖가지 무거운 죄업을 소멸하고, 아미타불의 자비로운 광명이 언제나 나를 섭수해주는 이익을 얻게 된다. 그리고 대사와 팔부신중은 물론 모든 부처님들이 언제 어디서나 나를 보호해주신다. 뿐만 아니라 여러 보살님들이 내가 알지 못하는 재난과 예측할 수 없는 위험까지 미리 아시고 나를 보호해주시는 가피加被를 입게 된다. 이렇게 염불 수행자는 염불 소리에 담겨 있는 불보살의 가피 속에 평화롭고 복된 나날을 살게 되며, 그 속에서 공덕의 보배가 점차 쌓여 마침내 보리심에서 물러나지 않고 거룩한 부처님을 친견하게 된다.

둘째, ⑪번부터 ㉓번에서 설명하고 있는 공덕은 극락세계에 왕생하여 받게 되는 이익으로 분류할 수 있다. 고통스러운 현세의 삶이 다하는 순간 아미타불과 그의 성중들이 몸소 내려오셔서 나를 맞이하여 극락세계로 인도해 가는 것이 ⑪번째 공덕이다. 고려시대에 그려진 아미타내영도阿彌陀來迎圖에는 아미타불이 염불 수행자를 맞이하시기 위해서 협시보살들을 거느리고 천상에서 내려오시는 모습을 감동적으로 묘사하고 있다.

⑫번부터 이어지는 공덕은 극락세계의 모습을 그리고 있는 대목이다. 즉 극락세계에는 항상 자비 광명이 빛나며 거룩한 성중聖衆들이 나의 도반이 되어 함께 머물게 된다. 육신의 탈을 쓰고 사는 인간의 한계는 모두 사라지고 자유롭게 하늘을 날아다니는 신통력

도 갖게 된다. 뿐만 아니라 피부색은 아름답게 변하고, 수명은 무한히 길어져서 죽음에 대한 두려움이 모두 사라진다. 그리고 업보業報에 따라 육도의 세계를 윤회하는 삶이 아니라 자신이 태어나고 싶은 곳에 태어날 수 있는 탄생의 자유를 얻게 된다. 나아가 항상 거룩하고 신비로운 진리의 법문을 들을 수 있으며, 불생불멸不生不滅하는 모든 존재의 이치를 바로 깨닫고 그와 같은 깊은 통찰 속에 마음이 머물게 된다〔無生法忍〕.

2
여러 경전에 나오는 염불의 이익

이 밖에도 《염불경》에는 대행大行 화상이 말하는 염불의 10가지 이익과 여러 경전에서 밝히고 있는 염불의 공덕에 대해서도 함께 설명하고 있다. 먼저 대행 화상은 선도 대사가 밝힌 23가지 염불 공덕을 다음과 같이 10가지로 축약하고 있다.

① 부처님의 가피를 받는다〔佛力〕
② 행하기 쉽다〔易作〕
③ 공덕이 가장 많다〔功德最多〕
④ 자타가 지극히 기뻐한다〔自他極喜〕
⑤ 속히 부처님을 친견할 수 있다〔速得見佛〕
⑥ 반드시 불퇴전의 지위를 얻는다〔定得不退〕

⑦ 반드시 극락세계에 왕생한다〔定生極樂〕
⑧ 다시는 부처님과 헤어지지 않는다〔更不離佛〕
⑨ 수명이 길어진다〔壽命長遠〕
⑩ 성인들과 더불어 다름이 없다〔與聖無異〕

대행 화상이 말하는 염불 공덕은 비록 간소하지만 실천적인 측면에서 염불의 우수함을 강조하고 있다. 염불을 하면 부처님의 가피력을 얻게 되며, 염불은 행하기 쉬운 수행이라는 것이다. 염불은 누구나 다 실천할 수 있는 쉬운 수행이지만 염불로 인해 받게 되는 공덕은 그 어떤 수행보다 크다고 강조하고 있다. 염불 소리가 은은히 울려 퍼지는 공간에는 삼독심이 사라지고 나와 남이 함께 기뻐하며, 그와 같은 환희 속에서 부처님을 친견하게 된다.

염불에는 부처님의 본원력이 작용하고 있기 때문에 일정한 경지에 이르면 염불에 힘이 붙게 되며, 이에 따라 물러서지 않는 불퇴전의 경지에 들어가게 되고, 마침내 극락세계에 왕생한다. 그리고 거룩한 불보살의 세계에서 무량한 수명을 누리면서 성인들과 함께 살게 된다는 것이 대행 화상이 말하는 염불 수행 공덕의 핵심이다.

마지막으로 《염불경》에는 여러 경전에서 밝혀 놓은 염불의 공덕에 대해 다음과 같이 30가지로 정리하고 있다.

① 모든 죄를 멸한다〔滅除諸罪〕

② 공덕이 무한하다〔功德無邊〕

③ 모든 불법 가운데 가장 뛰어나다〔諸佛法中勝〕

④ 모든 부처님이 다 같이 증명하신다〔諸佛同證〕

⑤ 모든 부처님이 다 같이 보호하신다〔諸佛同護〕

⑥ 시방의 모든 부처님이 믿고 염불하기를 권하신다
〔十方諸佛同勸信念〕

⑦ 몸에 병이 있어도 염불하면 모두 없어진다
〔所有疾患念佛總除〕

⑧ 임종할 때에 마음이 전도되지 않는다〔臨命終時心不顚倒〕

⑨ 염불의 한 법에는 많은 법이 두루 포함되어 있다
〔念佛一法攝多法〕

⑩ 목숨을 마칠 때에 부처님이 오셔서 맞아주신다
〔命終之時佛自來迎〕

⑪ 작은 공덕으로 속히 정토에 왕생한다〔用少功德速生淨土〕

⑫ 연화대 속에서 화생한다〔華臺中化生〕

⑬ 몸이 황금색으로 빛난다〔身黃金色〕

⑭ 수명이 길어진다〔壽命長遠〕

⑮ 오래 살며 죽지 않는다〔長生不死〕

⑯ 몸에서 광명이 빛난다〔身有光明〕

⑰ 32상을 갖추게 된다〔具三十二相〕

⑱ 여섯 가지 신통을 얻는다〔獲六神通〕

⑲ 제법의 실상을 깨닫는 무생법인을 얻는다〔得無生法忍〕

⑳ 항상 모든 부처님을 친견한다〔常見諸佛〕

㉑ 여러 보살들이 반려자가 되어 함께하신다

　〔與諸菩薩共時伴侶〕

㉒ 향과 꽃 그리고 음악으로 하루 여섯 번 공양을 받는다

　〔香華音樂六時供養〕

㉓ 옷과 음식이 자연히 생기는 것이 다함이 없다

　〔衣食自然長劫無盡〕

㉔ 자유로이 도에 나아가 바로 보리에 이른다

　〔任運進道直至菩提〕

㉕ 항상 젊고 늙은 모습이 없다〔常得少年無有老相〕

㉖ 항상 건강하고 아플 때가 없다〔常得强健無有病時〕

㉗ 다시는 삼악도의 지옥에 떨어지지 않는다

　〔更不重墮三塗地獄〕

㉘ 태어남이 자유자재하다〔受生自在〕

㉙ 낮과 밤 여섯 때에 항상 묘한 법을 듣는다

　〔晝夜六時常聞妙法〕

㉚ 불퇴전에 머문다〔住不退地〕

이상의 공덕 역시 위에서 살펴본 바대로 현세에 받는 공덕과 염불 수행을 통해 극락왕생하여 받게 되는 공덕으로 분류할 수 있

다. 그러나 아미타불의 영접을 받아서 극락왕생한 이후에 받게 되는 공덕이라고 해서 반드시 사후의 일로만 볼 필요는 없다. 염불 수행을 통해 진여실상을 체득하게 되면 그 마음이 곧 정토이며, 번뇌에 물들지 않는 자성이 곧 아미타불이기 때문이다. 다시 말해 부처님의 바른 불법을 만나 나의 삶이 복되고 행복한 삶으로 바뀐다면 그것이 바로 극락세계이다. 따라서 염불 수행으로 얻게 되는 여러 가지 공덕은 비록 극락세계에서 받는 공덕이라 할지라도 모든 염불 수행자들이 현세에서 누릴 수 있는 공덕임은 물론이다.

이상에 나열된 염불의 공덕을 내용별로 분류해 의미를 살펴보면 다음과 같다.

① 공덕이 무량하다
여러 경전에서 설명하고 있는 염불의 공덕은 우선 그 공덕이 무한하다는 점을 꼽을 수 있다. 염불하는 생활에는 무량한 공덕이 있어 중생들이 희구하는 현세적 복덕은 물론 내세의 극락왕생까지 이루게 된다. 그래서 염불은 '모든 불법 가운데 가장 뛰어나다'고 했다. 다양한 근기와 수준의 사람들을 바른 길로 인도할 수 있는 포용력을 지니고 있는 것은 물론 현세의 이익과 내세의 이익이 함께 구족되어 있기 때문이다.

일심불란一心不亂의 마음으로 염불하는 그 마음이 바로 도道의 마음이며, 무한한 공덕을 얻는 수행이 된다. 이처럼 염불은 여러 가지 공덕의 보배를 불러 모으는 수행이 되므로 '염불하는 법에는 여러 가지 법이 포함된다'고 밝히고 있다. 중생의 삶은 갖가지 악업을 짓고 고통스러운 결과를 받는 것을 반복한다. 하지만 염불은 거룩한 불보살의 가피 속에서 새로운 삶이 시작되도록 우리를 부처님의 세계로 인도한다. 이렇게 중생의 삶을 돌려 놓기 때문에 시방의 모든 부처님이 우리들에게 지극한 마음으로 염불하기를 권한다.

② 불보살과 신중들로부터 보호를 받는다

여러 불보살님은 염불 수행자를 자비 광명으로 섭수해주시고, 언제 어디서나 잊지 않고 보호해주신다. 아미타불의 명호는 불보살은 물론 선신과 악신까지도 숭앙하고 받든다. 그래서 설사 뜻을 잘 모르고 염불하더라도 아미타불의 명호에 깃들어 있는 신비로운 힘으로 인해 불보살님과 신장들이 염불 수행자를 보호한다.

이처럼 염불 공덕을 통해 우리는 악도惡道에서 벗어나 선도善道에 들게 되고, 중생의 세계에서 부처님의 세계로 들어가게 된다. 염불을 하기 위해 몸을 가다듬고 마음을 집중하여 기도에 열중하면 자연히 신·구·의로 짓는 갖가지 업을 다스리게 된다. 나쁜 업을 다스리고 선업을 짓는 것 자체가 우리를 보호하는 길이다. 하물며 여기에 불보살의 자비로운 가피가 더해진다면 우리들의 삶이 평화롭고 순탄해지는 것은 너무도 당연한 일이다.

③ 제불보살이 증명하고 가피를 주신다

우리가 지극한 마음으로 하는 염불은 불보살님들이 모두 증명하신다. 설사 염불 수행자가 아무도 모르는 곳에서 염불을 하거나, 마음속으로 조용히 염불한다고 할지라도 불보살님들은 우리의 염불 수행을 모두 지켜보시고 무량한 공덕을 받을 수 있도록 증명해 주신다. 이처럼 염불은 나 혼자 하는 것이 아니라 여러 부처님들과 더불어 하는 것이므로 언제나 제불보살님들이 나의 염불 공덕을 증명하고 계신다.

명훈가피冥熏加被이라는 말이 있다. 내가 모르는 와중에도 불보살님께서 나를 은밀하게 지켜주시고 자비로운 힘을 보태주시는 것을 이르는 말이다. 비록 지금은 내 몸이 건강하고 가정이 평화롭다 할지라도 나의 운명이 언제 어떻게 바뀌게 될지 아무도 모른다. 하지만 우리가 지극한 믿음으로 염불한다면 제불보살님들께서는 나 자신도 깨닫지 못하는 사이에도 은근한 자비를 베푸시어 갖가지 재난으로부터 나를 보호해주신다.

④ 죄업이 소멸되고 지옥에 떨어지지 않는다

염불 수행은 무거운 죄를 소멸하는 이익이 있다. 중생들은 삼독 번뇌로 물든 마음으로 갖가지 업을 짓기 때문에 무거운 죄업을 짓게 되고, 이로 인해 윤회의 삶을 거듭한다. 내가 지은 갖가지 죄업은 무거운 굴레가 되어 나의 운명을 가로막는 장애가 되며, 이로 인해 삼악도를 떠돌게 된다. 그러나 우리가 지극한 마음으로 염불한다면 불보살님들의 가피력으로 누세의 악업을 말끔히 씻어내고 업보의 장애로부터 벗어날 수 있다. 뿐만 아니라 다시는 지옥과 같은 삼악도에 떨어져 고통받는 일이 없다.

염불로 받게 되는 또 한 가지 공덕은 내가 태어나고 싶은 곳에 태어날 수 있는 자유를 얻는 것이다. 중생들의 탄생은 자신이 지은 죄업의 경중에 따라 육도에 태어나는 업력수생業力受生의 삶이다. 내가 인간으로 태어나고 싶어 태어난 것도 아니며 축생으로 태어나고 싶어 축생으로 태어나는 것도 아니다. 전생에 지은 업의 결과로 불가항력적으로 인간이나 축생의 몸을 받게 된다. 하지만 염불 수행자는 삼악도에 떨어지지 않는 것은 물론 '태어남이 자유자재한 공덕[受生自在]'을 얻게 된다. 업보의 속박으로 인해 내 뜻과 무관하게 운명적으로 태어나는 것이 아니라 내가 원하는 국토에 자유롭게 태어날 수 있다. 불보살 역시 중생구제를 위해 사바세계에 태어나신다. 업보 때문이 아니라 중생구제라는 원대한 서원을 세워서 태어나시는 이런 탄생을 원력수생願力受生이라고 한다.

⑤ 의식衣食이 구족되어 삶이 풍족해진다

염불 수행은 업장을 소멸시키고, 수명을 연장시키며, 소망을 성취시켜 줄 뿐만 아니라 생활이 풍요로워지는 현세적 이익도 뒤따른다. 여러 가지 염불 공덕 중에 '옷과 음식이 자연히 생기는 것이 다함이 없다'라는 대목도 있다. 이것은 염불 수행의 공덕으로 현재의 삶이 풍족해진다는 것을 의미한다. 먹는 것과 입는 것은 삶의 기본이다. 염불 수행은 바로 그 같은 현실적 삶이 풍요로워진다고 한다. 더 나아가 단지 허기를 채우는 식사에 그치지 않고 향과 꽃, 음악으로 하루 여섯 번 공양 받게 된다고 한다. 이는 단지 배고픔을 면하기 위한 식사가 아니라 그윽한 향기와 아름다운 꽃과 감미로운 음악으로 공양받는 것이므로 풍요와 멋을 향유하는 삶을 의미한다.

⑥ 몸에 병이 사라지고 외모가 아름다워진다

염불 공덕으로 받게 되는 또 다른 공덕은 몸에 병이 사라지고 외모가 아름다워지는 것이다. 염불 수행자는 '항상 건강하고 아플 때가 없다[常得强健無有病時]'라는 대목이 그것이다. 설사 몸에 병이 있더라도 염불하는 공덕으로 신체의 병고가 모두 사라진다. 중생들의 병은 탐내고 분노하고 어리석은 삼독에서 생긴다. 하지만 세간의 모든 근심 걱정을 놓아버리고 일심으로 염불하면 삼독이 사라지고 그와 더불어 자연히 우리의 몸도 건강해진다.

또 염불 수행자의 공덕 중에는 '항상 젊고 늙지 않는 공덕'도 있다. 태어나고 늙고 병들고 죽는 4가지 고통은 인간들이 직면한 보편적인 고통이다. 그래서 몸에 병이 없고 늙지 않으며, 육신이 항상 아름답고자 하는 것은 모든 인간들의 간절한 바람이기도 하다. 염불 수행자는 불보살의 가피 속에서 얼굴빛이 밝아지고 모든 걱정과 두려움에서 벗어나 평화로운 얼굴이 된다. 우리는 열심히 기도하는 사람들에게서 잔잔한 평화와 신비로운 아름다움을 느낄 수 있다. 염불 수행은 나를 그와 같이 아름다운 삶의 주인공으로 만들어 준다.

⑦ 극락세계에 왕생한다

염불의 공덕이 이상에서 기술한 것과 같이 중생들의 욕구에 대한 대답으로 끝나는 것만은 아니다. 염불 공덕의 종교적인 목표는 극락세계에 왕생하는 것이다. 《아미타경》에 따르면 "만약에 선남자 선여인이 아미타불에 대한 말씀을 듣고 명호를 받들어 지니거나, 혹은 1일 혹은 7일 동안 한마음으로 흐트러지지 아니하면, 그 사람이 죽음에 이르게 될 때에 아미타불이 여러 성중과 함께 그 앞에 나타나신다"라고 했다. 염불 공덕을 통해 우리가 얻게 되는 종교적 공덕은 이생이 다한 뒤에 아미타불의 인도를 받아 극락세계로 가서 연화대 속에서 화생하는 것이다.

극락에 왕생하게 되면 우리들의 몸은 황금색의 광명으로 찬란하게 빛나고 외모는 아름답게 변하여 부처님과 같이 32가지 상서로운 모습을 갖추게 된다. 그곳에서 수명은 무한히 길어지며, 더 이상 죽음의 공포는 존재하지 않는다. 그리고 6가지 신통력을 얻고 여러 불보살들과 더불어 도반이 되어 함께 살게 된다.

⑧ 참다운 지혜가 생겨나 성불한다

염불의 공덕은 중생들이 바라는 현세적 욕구를 해소해주는 측면도 있지만 더 본질적인 공덕은 바로 번뇌 망상을 모두 벗어버리고 참다운 진여실상을 체득하여 부처님과 같은 삶을 사는 것이다. 이런 내용을 담고 있는 공덕으로 꼽을 수 있는 사례가 '법문을 많이 듣고 지혜를 얻는 이익〔多聞智慧益〕'이다. 간절한 마음으로 부처님의 명호를 염송하고, 부처님을 닮아가는 과정 속에서 우리들은 부처님의 가르침과 말씀에 눈뜨게 된다. 그리고 그 가르침을 삶의 지침으로 받아들이게 되며, 여기서 바른 불법을 듣게 되어 참다운 지혜가 생기게 된다.

염불은 바로 그와 같은 깨침의 마음, 즉 보리심에서 물러나지 않고 머무는 이익을 가져다준다. 그리고 존재의 실상을 보고 그와 같은 깊은 통찰의 인식 속에 마음이 머물게 되는 무생법인을 얻고 마침내 성불하게 된다.

제 6 장

맺음말

염불은 불법을 믿는 불자라면 누구나 할 수 있는 가장 대표적인 수행법이다. 실제로 한국불교에서 행해지는 갖가지 의식에서 염불이 들어가지 않는 데가 없을 만큼 일반적인 의례다. 이런 이유에서 염불은 재가불자들의 중심적인 신행으로 자리잡았다. 비록 조계종의 종지宗旨는 조사선을 표방하며 스님들은 간화선을 수행하고 있지만, 대부분의 재가들에게 통용되는 기도와 수행 방법은 염불이다. 따라서 염불 수행은 한국불교의 대중적인 신앙을 대변하는 의례이자 수행이라고 해도 과언이 아니다.

　흔히 염불 하면 중국에서 성립된 정토종을 떠올리게 된다. 하지만 염불에 대한 경전적 기록은 불교의 근본사상을 담고 있는 초기경전에서부터 찾을 수 있다. 그리고 시간이 지남에 따라 삼념三念, 육념六念, 십념十念이라는 구체적인 염불 수행으로 발전해 왔다. 나아가 대승불교 시대에 이르면 서방정토라는 타방他方의 부처님과 보살이 등장함으로써 아미타불을 염하는 염불 방법이 등장하게 되었다.

특히 정토종에 의해 염불사상이 체계화되면서 부처님이나 보살의 본원을 입고자 하는 사상으로 발전하였다. 즉 아미타불이 세운 본원의 가피를 입어 현세의 이익을 받고, 궁극적으로는 무생법인을 증득하여 부처가 되는 것이 염불 수행의 목표가 되었다. 아미타불을 염할 때의 목적은 열심히 염불하여 정토에 왕생하는 것이다. 하지만 염불의 궁극적 목적은 정토에 왕생하는 것으로 끝나지 않고, 정토에서 아미타불의 설법을 듣고 진리를 깨닫는 것으로 확대된다. 따라서 비록 염불을 통해 얻고자 하는 현세적 목적은 사람마다 다를 수 있지만 무생법인을 증득하여 성불하고자 하는 궁극적인 목표에는 차별이 있을 수 없다. 이렇게 본다면 염불은 비록 누구나 할 수 있는 쉬운 수행법이지만 궁극적으로 성불을 목표로 한다는 점에서 선 수행과 다를 바 없다.

이미 살펴본 바와 같이 염불은 그 의미상 4가지로 분류할 수 있다. 첫째는 칭명염불이다. 이는 말 그대로 지극한 마음으로 부처님의 명호를 부르는 염불이다. '노는 입에 염불한다'라는 속담이 있듯이 칭명염불은 입의 염불이다. 지극한 마음으로 아미타불을 염송하게 되면 입으로 짓는 4가지 업이 자연히 차단된다. 염불하는 입과 구업을 짓는 입이 동시에 있을 수 없기 때문이다. 나아가 큰 소리로 부처님의 명호를 부르면 염불 수행자의 주변이 거룩한 불보살의 이름으로 충만해서 온갖 잡된 소리들이 모두 사라지게 된다.

둘째는 관상염불觀像念佛이다. 이는 거룩한 부처님의 모습을 보고 나도 그렇게 닮아가고자 하는 염불이다. 그래서 관상염불은 이미지의 염불이자 눈의 염불이라고 할 수 있다. 중생들의 번뇌는 6가지 감각기관六根이 6가지 감각의 대상六境을 만나서 발생한다. 이처럼 대상을 보고 번뇌를 일으키는 감수작용을 대표하는 것이 바로 눈이다. 눈으로 갖가지 경계를 보고 분별심을 내고 욕망의 대상을 향해 질주하는 것이 인간이기 때문이다. 하지만 거룩한 부처님의 모습으로 안근眼根을 채우게 되면 자연히 안식眼識이 맑아져서 우리를 현혹하는 갖가지 모양이 사라지고 평화롭고 고요한 세계가 열리게 된다.

셋째는 관상염불觀想念佛이다. 이는 거룩한 부처님의 모습과 덕상德相을 마음속에 깊이 새기며 우리도 부처님처럼 닮아가는 염불이다. 그래서 관상염불은 마음의 온갖 삿된 번뇌를 다스리는 마음의 염불이다. 부처님의 자비로운 상호를 생각함으로써 모든 번뇌가 소멸되고 마음에는 자비가 넘쳐 난다.

끝으로 실상염불實相念佛이다. 이는 모든 존재의 실상을 바르게 체득하는 염불이다. 법신염불法身念佛이라고도 불리는 실상염불은, 타력의 기원을 비는 염불에서 스스로 진리를 체득하는 자각自覺의 염불이 된다. 실상염불은 일체 만법의 진실한 자성을 바르게 깨닫는 염불이기 때문이다.

이처럼 염불은 우리들의 인식과 업의 출구가 되는 입을 정화하고, 모든 객진번뇌가 들어오는 눈을 깨끗하게 하며, 거룩한 부처님에 대한 이미지로 가득 채우는 것이다. 나아가 부처님의 자비로운 덕상으로 마음을 자비롭게 하는 것이다. 따라서 염불을 한다는 것은 구업口業을 깨끗하게 하는 것이며, 신업身業을 정화하는 것이며, 마음을 자비롭게 하는 것이다. 입으로 부처님의 명호를 부르고, 눈으로 부처님의 이미지를 연상하며, 마음으로 부처님의 덕상을 생각하면서 우리가 스스로 거룩한 부처님을 닮아가는 것이 염불이다.

염불의 공덕과 힘이 이토록 크고 지대하므로 삶에 지치고 위기가 닥쳤을 때 깊은 믿음으로 염불하는 것이 불교 신행의 기본이다. 염불하면 자연히 마음이 평화로워지고 눈앞에 닥친 두려움이 사라지며 갖가지 재난도 불보살의 가피로 해소된다. 물론 처음에는 염불하면 몸이 건강해지고 얼굴이 아름다워지는 것은 물론 갖가지 좋은 일이 생긴다는 현세적 이익을 염두에 두고 시작한다. 하지만 자꾸만 염불을 하다 보면 점차 무한한 종교적 공덕, 궁극적 진리의 체득으로 이어지게 된다.

《화엄경》에서 믿음은 공덕의 어머니라고 했다. 염불을 할 때도 그 염불을 통해서 내가 얻을 수 있는 공덕에 대해 굳건히 믿고 간절한 마음으로 염불하면 소원을 성취하고 나아가 자신이 알지 못했던 더 높은 경지의 세계로 인도된다. 그러므로 불자들은 염불이야말로 극락세계에 왕생하는 지름길이며, 성불의 첩경이라는 확신을 갖고 지극한 마음으로 염불해야 한다.

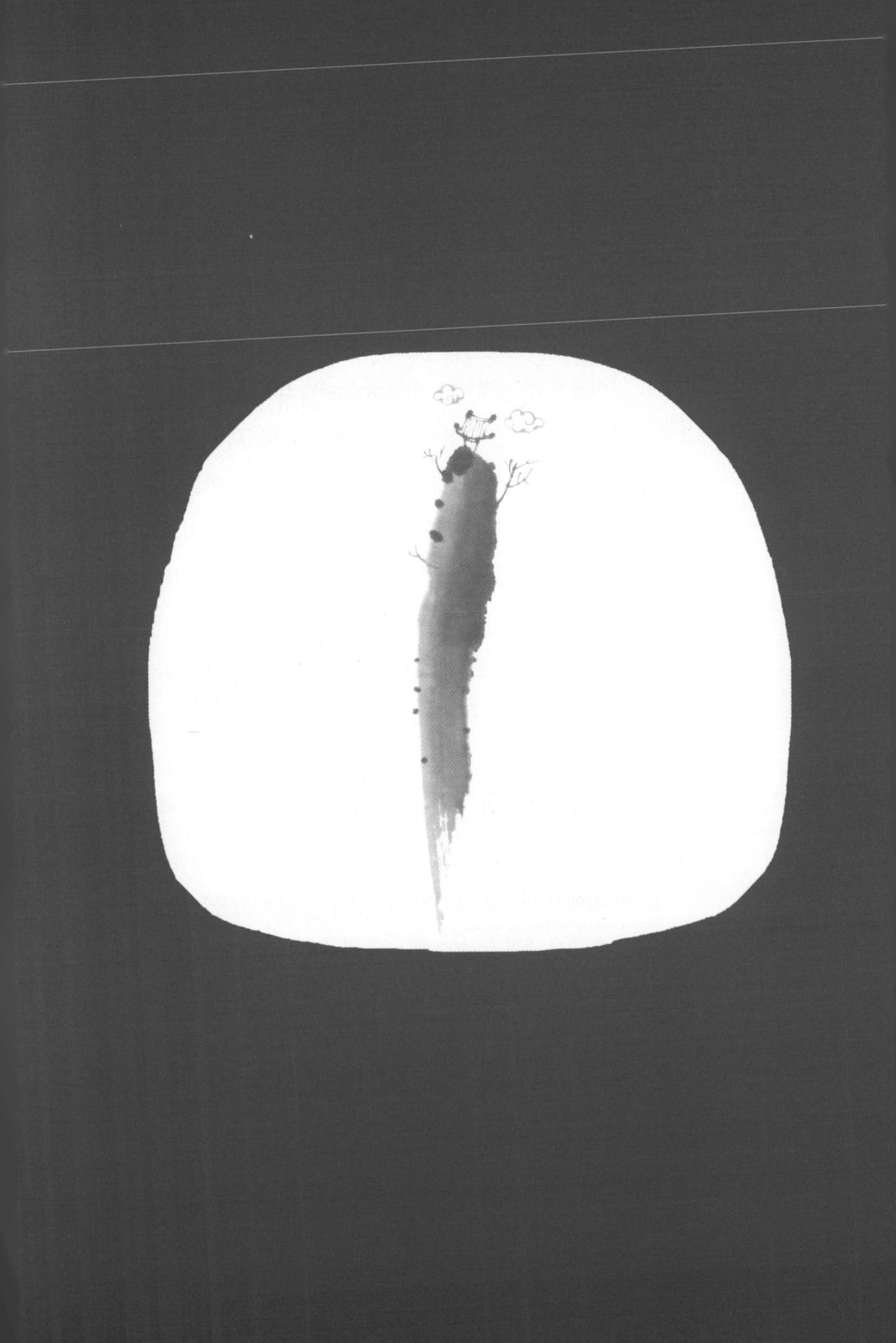

부 록

정토예경

향을 사르면서 합장하고 이르기를

향로에 향을 사르니
법계에 향기가 진동
부처님 회상에 퍼지어
가는 곳마다 상서구름
저의 뜻 간절하오니
부처님 강림하옵소서.

지심귀명례 시방법계 상주삼보
至心歸命禮 十方法界 常住三寶

무릎 꿇고 합장하여 이르기를

빛나신 얼굴 우뚝하시고
위엄과 신통 그지없으니
이처럼 밝고 빛나는 광명
뉘라서 감히 따르오리까.
햇빛과 달빛 여의주의 빛
맑은 진주 빛 눈부시지만
여기에 온통 가리워져서
검은 먹덩이 되고 맙니다.
여래의 얼굴 뛰어나시사
이 세상에는 짝할 이 없고
바르게 깨달은 이의 크신 소리
시방세계에 두루 들리네.
청정한 계율, 다문多聞과 정신
삼매의 큰 힘, 지혜의 밝음
거룩한 위덕 짝할 이 없어
수승한 거동 처음 뵈옵네.
여러 부처님의 많은 그 법을
자세히 보고 깊이 생각해
끝까지 알고 속까지 뚫어
바닥과 가에 두루 비쳤네.
캄캄한 무명, 탐욕과 분심

우리 부처님 다 끊으시니
사자와 같이 영특한 어른
거룩한 도덕 어떠하신가.
크신 도덕과 넓으신 공덕
밝은 지혜는 깊고 묘하여
끝없는 광명, 거룩한 상호
대천세계에 널리 떨치시네.
원컨대 나도 부처님 되어
거룩한 공덕 저 법왕처럼
끝없는 생사 모두 건지고
온갖 번뇌에서 벗어나지이다.
보시를 닦아 뜻을 고루고
계행 지니어 분한 일 참아
멀고 아득한 길 가고 또 가고
이러한 삼매 지혜가 으뜸일세.
나도 맹세코 부처님 되어
이러한 원을 모두 행하고
두려움 많은 중생 위하여
의지할 자리 되어지고저.
저곳에 계신 여러 부처님
백인가, 천인가, 몇 억만인가

그 수효 이루 다 세일 수 없어

항하의 모래보다 많을지라도

저렇듯 많은 부처님들을

받들어 섬겨 공양하여도

보리의 도를 굳게 구하여

퇴전치 않은 것만 같지 못하리.

항하의 모래 수효와 같이

많고도 많은 부처님 세계

그보다 더 많아 셀 수가 없는

그처럼 많은 세계 국토를

부처님 광명 널리 비치어

모든 국토에 두루하거늘

이러한 정진과 또 신통을

무슨 지혜로 세어볼 것인가.

만약에 내가 부처님 되면

그 국토 장엄 으뜸가게 하리.

중생들은 모두 훌륭하게 되고

도량은 가장 뛰어나게 되리.

이 나라 땅은 그지없이 고요해

세상에 다시 짝이 없거늘

온갖 중생들 가엾이 여겨

내가 마땅히 제도하리라.

지심귀명례 본사 석가모니불

至心歸命禮 本師 釋迦牟尼佛

지심귀명례 동방 아촉불

至心歸命禮 東方 阿閦佛

지심귀명례 남방 보만불

至心歸命禮 南方 普滿佛

지심귀명례 서방 무량수불

至心歸命禮 西方 無量壽佛

지심귀명례 북방 난승불

至心歸命禮 北方 難勝佛

지심귀명례 동남방 치지불

至心歸命禮 東南方 治地佛

지심귀명례 서남방 나라연불

至心歸命禮 西南方 那羅延佛

지심귀명례 서북방 월광면불

至心歸命禮 西北方 月光面佛

지심귀명례 동북방 적제근불

至心歸命禮 東北方 寂諸根佛

지심귀명례 하방 실행불

至心歸命禮 下方 實行佛

지심귀명례 상방 무량승불

至心歸命禮 上方 無量勝佛

지심귀명례 서방극락세계 무량광불

至心歸命禮 西方極樂世界 無量光佛

지심귀명례 서방극락세계 무변광불

至心歸命禮 西方極樂世界 無邊光佛

지심귀명례 서방극락세계 무애광불

至心歸命禮 西方極樂世界 無礙光佛

지심귀명례 서방극락세계 무대광불

至心歸命禮 西方極樂世界 無對光佛

지심귀명례 서방극락세계 염왕광불

至心歸命禮 西方極樂世界 炎王光佛

지심귀명례 서방극락세계 청정광불

至心歸命禮 西方極樂世界 淸淨光佛

지심귀명례 서방극락세계 환희광불

至心歸命禮 西方極樂世界 歡喜光佛

지심귀명례 서방극락세계 지혜광불

至心歸命禮 西方極樂世界 智慧光佛

지심귀명례 서방극락세계 부단광불

至心歸命禮 西方極樂世界 不斷光佛

지심귀명례 서방극락세계 난사광불

至心歸命禮 西方極樂世界 難思光佛

지심귀명례 서방극락세계 무칭광불

至心歸命禮 西方極樂世界 無稱光佛

지심귀명례 서방극락세계 초일월광불

至心歸命禮 西方極樂世界 超日月光佛

지심귀명례 악취무명 서방극락세계 아미타불

至心歸命禮 惡趣無名 西方極樂世界 阿彌陀佛

지심귀명례 무타악도 서방극락세계 아미타불

至心歸命禮 無墮惡道 西方極樂世界 阿彌陀佛

지심귀명례 동진금색 서방극락세계 아미타불

至心歸命禮 同眞金色 西方極樂世界 阿彌陀佛

지심귀명례 형모무차 서방극락세계 아미타불

至心歸命禮 形貌無差 西方極樂世界 阿彌陀佛

지심귀명례 성취숙명 서방극락세계 아미타불

至心歸命禮 成就宿命 西方極樂世界 阿彌陀佛

지심귀명례 생획천안 서방극락세계 아미타불

至心歸命禮 生獲天眼 西方極樂世界 阿彌陀佛

지심귀명례 생획천이 서방극락세계 아미타불
至心歸命禮 生獲天耳 西方極樂世界 阿彌陀佛

지심귀명례 보인심행 서방극락세계 아미타불
至心歸命禮 普認心行 西方極樂世界 阿彌陀佛

지심귀명례 신족초월 서방극락세계 아미타불
至心歸命禮 神足超越 西方極樂世界 阿彌陀佛

지심귀명례 정무아상 서방극락세계 아미타불
至心歸命禮 淨無我相 西方極樂世界 阿彌陀佛

지심귀명례 결정정각 서방극락세계 아미타불
至心歸命禮 決定正覺 西方極樂世界 阿彌陀佛

지심귀명례 광명보조 서방극락세계 아미타불
至心歸命禮 光明普照 西方極樂世界 阿彌陀佛

지심귀명례 수량무궁 서방극락세계 아미타불
至心歸命禮 壽量無窮 西方極樂世界 阿彌陀佛

지심귀명례 성문무수 서방극락세계 아미타불
至心歸命禮 聲聞無數 西方極樂世界 阿彌陀佛

지심귀명례 중생장수 서방극락세계 아미타불
至心歸命禮 衆生長壽 西方極樂世界 阿彌陀佛

지심귀명례 개획선명 서방극락세계 아미타불
至心歸命禮 皆獲善名 西方極樂世界 阿彌陀佛

지심귀명례 제불칭찬 서방극락세계 아미타불
至心歸命禮 諸佛稱讚 西方極樂世界 阿彌陀佛
지심귀명례 십념왕생 서방극락세계 아미타불
至心歸命禮 十念往生 西方極樂世界 阿彌陀佛
지심귀명례 임종현전 서방극락세계 아미타불
至心歸命禮 臨終現前 西方極樂世界 阿彌陀佛
지심귀명례 회향개생 서방극락세계 아미타불
至心歸命禮 廻向皆生 西方極樂世界 阿彌陀佛
지심귀명례 구족묘상 서방극락세계 아미타불
至心歸命禮 具足妙相 西方極樂世界 阿彌陀佛
지심귀명례 함계보처 서방극락세계 아미타불
至心歸命禮 咸階補處 西方極樂世界 阿彌陀佛
지심귀명례 보공제불 서방극락세계 아미타불
至心歸命禮 普供諸佛 西方極樂世界 阿彌陀佛
지심귀명례 공구여의 서방극락세계 아미타불
至心歸命禮 供具如意 西方極樂世界 阿彌陀佛
지심귀명례 선인본지 서방극락세계 아미타불
至心歸命禮 善人本智 西方極樂世界 阿彌陀佛
지심귀명례 나라연력 서방극락세계 아미타불
至心歸命禮 那羅延力 西方極樂世界 阿彌陀佛

지심귀명례 장엄무량 서방극락세계 아미타불
至心歸命禮 莊嚴無量 西方極樂世界 阿彌陀佛

시방세계에서 오는 중생들
마음 즐겁고 청정하여서
이 나라에 와서 나게 되면
즐겁고 또한 편안하리라.
원컨대 부처님 굽어 살피사
저의 이 뜻을 증명하소서.
저 국토에서 원력 세워
하려는 일들을 힘써 하리라.
시방세계에 계신 부처님들
밝으신 지혜 걸림이 없으시니
저의 마음과 저의 수행을
부처님들께서 살펴 주옵소서.
이 몸이 만일 어떻게 하다
고난의 경계에 들어간다 한들
제가 행하는 이 정신을
참지 못하고 후회하리까.
내가 세운 이 원은 세상에 없는 일
위없는 바른 길에 가고야 말리.

이 원을 이루지 못한다면
언제라도 부처는 안 되렵니다.
한량없는 오랜 겁 지나가면서
내가 만일 큰 시주 되지 못하여
가난뱅이 고생을 제도 못 하면
언제라도 부처는 안 되렵니다.
내가 만일 이 다음 부처가 되어
그 이름 온 세계에 떨칠 때에
못 들은 한 사람이 있다 한다면은
언제라도 부처는 안 되렵니다.
욕심 없고 바른 마음 굳게 지니고
청정한 지혜로 도를 닦으며
위없는 어른 되는 길을 찾아서
천상과 인간의 스승이 되리.
신통으로 밝고 큰 광명을 놓아
끝없는 여러 세계 두루 비추어
세 가지 어두운 때 녹여버리고
여러 가지 액난을 건져지이다.
그네들의 지혜 눈 열어 밝히고
앞 못 보는 장님들 눈을 띄우며
여러 가지 나쁜 길 막아버리고

좋은 세상 가는 길 활짝 틔우리.
지혜와 자비 충만하게 닦아
거룩한 빛 온 세상에 널리 비치니
해와 달의 밝은 빛 무색해지고
하늘나라 광명도 숨어버리네.
중생들을 위하여 교법을 열고
공덕 보배 골고루 보시할 때에
언제나 많은 대중 모인 곳에서
법문한 그 말씀 사자의 소리.
온 세계 부처님께 공양을 하여
여러 가지 공덕을 두루 갖추고
그 소원 그 지혜를 가득 이루어
삼계에 거룩한 부처님 되리.
걸림 없는 부처님의 지혜와 같이
안 비치는 데 없이 사무치리니
바라건대 내 공덕, 복과 지혜가
가장 높은 부처님과 같아지이다.
만약 이내 소원 이루어지려면
삼천대천세계가 다 진동하고
허공중에 가득한 천인들도
아름다운 꽃비를 뿌려주리라.

지심귀명례 보수실지 서방극락세계 아미타불
至心歸命禮 寶樹悉知 西方極樂世界 阿彌陀佛

지심귀명례 획승변재 서방극락세계 아미타불
至心歸命禮 獲勝辯才 西方極樂世界 阿彌陀佛

지심귀명례 대변무변 서방극락세계 아미타불
至心歸命禮 大辯無邊 西方極樂世界 阿彌陀佛

지심귀명례 국정보조 서방극락세계 아미타불
至心歸命禮 國淨普照 西方極樂世界 阿彌陀佛

지심귀명례 무량승향 서방극락세계 아미타불
至心歸命禮 無量勝香 西方極樂世界 阿彌陀佛

지심귀명례 몽광안락 서방극락세계 아미타불
至心歸命禮 蒙光安樂 西方極樂世界 阿彌陀佛

지심귀명례 성취총지 서방극락세계 아미타불
至心歸命禮 成就總持 西方極樂世界 阿彌陀佛

지심귀명례 영리여신 서방극락세계 아미타불
至心歸命禮 永離女身 西方極樂世界 阿彌陀佛

지심귀명례 문명지과 서방극락세계 아미타불
至心歸命禮 聞名至果 西方極樂世界 阿彌陀佛

지심귀명례 인천치경 서방극락세계 아미타불
至心歸命禮 人天致敬 西方極樂世界 阿彌陀佛

지심귀명례 묘복응념 서방극락세계 아미타불
至心歸命禮 妙服應念 西方極樂世界 阿彌陀佛

지심귀명례 수락무염 서방극락세계 아미타불
至心歸命禮 受樂無染 西方極樂世界 阿彌陀佛

지심귀명례 수현불찰 서방극락세계 아미타불
至心歸命禮 樹現佛刹 西方極樂世界 阿彌陀佛

지심귀명례 제근구족 서방극락세계 아미타불
至心歸命禮 諸根具足 西方極樂世界 阿彌陀佛

지심귀명례 현증등지 서방극락세계 아미타불
至心歸命禮 現證等持 西方極樂世界 阿彌陀佛

지심귀명례 문생호귀 서방극락세계 아미타불
至心歸命禮 聞生豪貴 西方極樂世界 阿彌陀佛

지심귀명례 구족덕본 서방극락세계 아미타불
至心歸命禮 具足德本 西方極樂世界 阿彌陀佛

지심귀명례 주정견불 서방극락세계 아미타불
至心歸命禮 住定見佛 西方極樂世界 阿彌陀佛

지심귀명례 수욕문법 서방극락세계 아미타불
至心歸命禮 隨欲聞法 西方極樂世界 阿彌陀佛

지심귀명례 불퇴보리 서방극락세계 아미타불
至心歸命禮 不退菩提 西方極樂世界 阿彌陀佛

지심귀명례 현획인지 서방극락세계 아미타불
至心歸命禮 現獲忍地 西方極樂世界 阿彌陀佛

지심귀명례 계수천인소공경 아미타불
至心歸命禮 稽首天人所恭敬 阿彌陀佛

지심귀명례 재피미묘안락국 아미타불
至心歸命禮 在彼微妙安樂國 阿彌陀佛

지심귀명례 무량불자중위요 아미타불
至心歸命禮 無量佛子衆圍遶 阿彌陀佛

지심귀명례 금색신정여산왕 아미타불
至心歸命禮 金色身淨如山王 阿彌陀佛

지심귀명례 사마타행여상보 아미타불
至心歸命禮 奢摩他行如象步 阿彌陀佛

지심귀명례 양목정약청연화 아미타불
至心歸命禮 兩目淨若青蓮華 阿彌陀佛

지심귀명례 면선원정여만월 아미타불
至心歸命禮 面善圓淨如滿月 阿彌陀佛

지심귀명례 위광유여백천일 아미타불
至心歸命禮 威光猶如百千日 阿彌陀佛

지심귀명례 성약천고구시라 아미타불
至心歸命禮 聲若天鼓俱翅羅 阿彌陀佛

지심귀명례 종종묘상보장엄 아미타불
至心歸命禮 種種妙相寶莊嚴 阿彌陀佛

지심귀명례 능복외도마교만 아미타불
至心歸命禮 能伏外道魔憍慢 阿彌陀佛

지심귀명례 무비무구광청정 아미타불
至心歸命禮 無比無垢廣淸淨 阿彌陀佛

지심귀명례 중덕교결여허공 아미타불
至心歸命禮 衆德皎潔如虛空 阿彌陀佛

지심귀명례 소작리익득자재 아미타불
至心歸命禮 所作利益得自在 阿彌陀佛

지심귀명례 무량제마상찬탄 아미타불
至心歸命禮 無量諸魔常讚歎 阿彌陀佛

지심귀명례 금저보간지생화 아미타불
至心歸命禮 金底寶澗也生華 阿彌陀佛

지심귀명례 선근소성묘대좌 아미타불
至心歸命禮 善根所成妙臺座 阿彌陀佛

지심귀명례 어피좌상여산왕 아미타불
至心歸命禮 於彼座上如山王 阿彌陀佛

지심귀명례 위중설법무명자 아미타불
至心歸命禮 爲衆說法無名字 阿彌陀佛

지심귀명례 피존불찰무악명 아미타불
至心歸命禮 彼尊佛刹無惡名 阿彌陀佛

지심귀명례 역무녀인악도포 아미타불
至心歸命禮 亦無女人惡道怖 阿彌陀佛

지심귀명례 중선무변여해수 아미타불
至心歸命禮 衆善無邊如海水 阿彌陀佛

지심귀명례 성불이래역십겁 아미타불
至心歸命禮 成佛已來歷十劫 阿彌陀佛

지심귀명례 수명방장무유량 아미타불
至心歸命禮 壽命方將無有量 阿彌陀佛

지심귀명례 지혜광명불가량 아미타불
至心歸命禮 智慧光明不可量 阿彌陀佛

지심귀명례 유량제상몽광효 아미타불
至心歸命禮 有量諸相蒙光曉 阿彌陀佛

지심귀명례 해탈광륜무한제 아미타불
至心歸命禮 解脫廣輪無限齊 阿彌陀佛

지심귀명례 몽광촉자이유무 아미타불
至心歸命禮 蒙光觸者離有無 阿彌陀佛

지심귀명례 광운무애여허공 아미타불
至心歸命禮 光雲無慢如虛空 阿彌陀佛

동방에 널려 있는 여러 불국토
항하의 모래처럼 셀 수가 없네.
이렇듯 많은 국토 보살 대중이
무량수 부처님을 가서 뵈옵다.
남방 서방, 북방 네 간방과
상방 하방에도 다 그렇거든
이같이 많은 국토 보살 대중이
무량수 부처님을 가서 뵈옵다.
시방세계 그와 같이 많은 보살들
아름다운 하늘 꽃과 향과 보석과
한량없는 하늘 옷을 가지고 와서
무량수 부처님께 공양하였네.
모두들 천상 음악 연주할 때에
밝고 곱고 화평한 노래를 불러
가장 높은 부처님 찬탄하면서
무량수 부처님께 공양하였네.
신통과 바른 지혜 끝까지 알아
저같이 깊은 법문 드나들면서
공덕이 창고에 가득 차지고
미묘한 밝은 지혜 짝할 이 없네.
지혜의 해 이 세상을 환히 비추어

생사의 구름이 활짝 걷히니
중생들 조심조심 세 번을 돌아
위없는 부처님께 예배하느니라.
청정하고 장엄한 저 국토 보니
생각도 말도 못할 기묘한 세계
보는 사람 위없는 보리심 내어
원컨대 우리 국토 그와 같아지라고.
그때에 무량수 부처님께서
반가운 얼굴로 기뻐 웃으시니
입에서 눈부신 광명이 나와
시방세계를 두루 비추시었네.
그 광명 되돌려 몸을 둘러싸
세 번 돌고 두상頭上으로 들어가 보니
온 세계 천상인간 많은 대중들
기꺼이 뛰고 놀며 즐거워하네.
그때에 관음보살 옷깃 여미고
머리를 숙이며 여쭙는 말씀
부처님 무슨 일로 웃으시온지
원컨대 그 까닭을 일러 주소서.
우레처럼 우렁찬 맑은 음성으로
여덟 가지 미묘한 소리를 내어

내 이제 보살들께 수기 주리니
이 말을 똑똑히 명심하여 들으라.
시방세계에서 모인 저 보살들
저마다 지닌 소원 내가 아노니
청정한 좋은 국토 구해 가지고
반드시 수기 받아 성불하리라.
온갖 법 꿈과 같고 요술과 같고
메아리 같은 줄을 밝게 깨달아
여러 가지 큰 원을 이루게 되면
이러한 좋은 국토 얻게 되리라.
법이 번개나 그림자 같은 줄 알고
끝까지 보살도를 닦아 행하여
여러 가지 공덕을 모두 갖추면
반드시 수기 받아 성불하리라.
법의 성품은 모두 공(空)한 것이고
나조차 없는 줄을 깊이 깨달아
청정한 불국토를 힘써 구하면
반드시 이런 국토 얻게 되리라.

지심귀명례 일체유애몽광택 아미타불
至心歸命禮 一切有礙蒙光澤 阿彌陀佛

지심귀명례 청정광명무유대 아미타불
至心歸命禮 淸淨光明無有對 阿彌陀佛
지심귀명례 우사광자업계제 아미타불
至心歸命禮 遇斯光者業繫除 阿彌陀佛
지심귀명례 불광조요최제일 아미타불
至心歸命禮 佛光照耀最第一 阿彌陀佛
지심귀명례 삼도흑암몽광계 아미타불
至心歸命禮 三途黑闇蒙光啓 阿彌陀佛
지심귀명례 도광명랑색초절 아미타불
至心歸命禮 道光明朗色超絕 阿彌陀佛
지심귀명례 일몽광조죄구제 아미타불
至心歸命禮 一蒙光照罪垢除 阿彌陀佛
지심귀명례 자광하피시안락 아미타불
至心歸命禮 慈光遐被施安樂 阿彌陀佛
지심귀명례 광소지처득법회 아미타불
至心歸命禮 光所至處得法會 阿彌陀佛
지심귀명례 불광능파무명암 아미타불
至心歸命禮 佛光能破無明闇 阿彌陀佛
지심귀명례 광명일체시보조 아미타불
至心歸命禮 光明一切時普照 阿彌陀佛

지심귀명례 기광제불막능측 아미타불
至心歸命禮 其光除佛莫能測 阿彌陀佛
지심귀명례 시방제불탄왕생 아미타불
至心歸命禮 十方諸佛歎往生 阿彌陀佛
지심귀명례 신광이상불가명 아미타불
至心歸命禮 神光離相不可名 阿彌陀佛
지심귀명례 인광성불광혁연 아미타불
至心歸命禮 因光成佛光赫然 阿彌陀佛
지심귀명례 광명조요과일월 아미타불
至心歸命禮 光明照耀過日月 阿彌陀佛
지심귀명례 석가불탄상부진 아미타불
至心歸命禮 釋迦佛歎尙不盡 阿彌陀佛
지심귀명례 세계광요묘수절 아미타불
至心歸命禮 世界光耀妙殊絕 阿彌陀佛
지심귀명례 적열연안무사시 아미타불
至心歸命禮 寂悅宴安無四時 阿彌陀佛
지심귀명례 무유산천능곡조 아미타불
至心歸命禮 無有山川陵谷阻 阿彌陀佛
지심귀명례 도수고사백만리 아미타불
至心歸命禮 道樹高四百萬里 阿彌陀佛

지심귀명례 칠보수림주세계 아미타불
至心歸命禮 七寶樹林周世界 阿彌陀佛
지심귀명례 풍취산화만불토 아미타불
至心歸命禮 風吹散華滿佛土 阿彌陀佛
지심귀명례 중보연화영세계 아미타불
至心歸命禮 衆寶蓮華盈世界 阿彌陀佛
지심귀명례 일일화백천억엽 아미타불
至心歸命禮 一一華百千億葉 阿彌陀佛
지심귀명례 보위시방설묘법 아미타불
至心歸命禮 普爲十方說妙法 阿彌陀佛
지심귀명례 팔공덕수만지중 아미타불
至心歸命禮 八功德水滿池中 阿彌陀佛
지심귀명례 황금지자백은사 아미타불
至心歸命禮 黃金池者白銀沙 阿彌陀佛
지심귀명례 육방여래증불허 아미타불
至心歸命禮 六方如來證不虛 阿彌陀佛
지심귀명례 제불대비심무이 아미타불
至心歸命禮 諸佛大悲心無二 阿彌陀佛
지심귀명례 방편화문등무수 아미타불
至心歸命禮 方便化門等無殊 阿彌陀佛

지심귀명례 사피장엄무승토 아미타불
至心歸命禮 捨彼莊嚴無勝土 阿彌陀佛

지심귀명례 비심념념연삼계 아미타불
至心歸命禮 悲心念念緣三界 阿彌陀佛

지심귀명례 법림즉시미타국 아미타불
至心歸命禮 法林卽是彌陀國 阿彌陀佛

지심귀명례 소요쾌락불상침 아미타불
至心歸命禮 逍遙快樂不相侵 阿彌陀佛

지심귀명례 여래교법원무이 아미타불
至心歸命禮 如來敎法元無二 阿彌陀佛

지심귀명례 원폐삼도절육도 아미타불
至心歸命禮 願閉三塗絶六道 阿彌陀佛

지심귀명례 개현무생정토문 아미타불
至心歸命禮 開顯無生淨土門 阿彌陀佛

지심귀명례 서도미타안양계 아미타불
至心歸命禮 誓到彌陀安養界 阿彌陀佛

지심귀명례 환래예국도인천 아미타불
至心歸命禮 還來穢國度人天 阿彌陀佛

지심귀명례 여래별지서방국 아미타불
至心歸命禮 如來別指西方國 阿彌陀佛

지심귀명례 종시초과십만억 아미타불
至心歸命禮 從是超過十萬億 阿彌陀佛

지심귀명례 칠보장엄최위승 아미타불
至心歸命禮 七寶莊嚴最爲勝 阿彌陀佛

지심귀명례 성중인천수명장 아미타불
至心歸命禮 聖衆人天壽命長 阿彌陀佛

지심귀명례 불호미타상설법 아미타불
至心歸命禮 佛號彌陀常說法 阿彌陀佛

지심귀명례 극락중생장자망 아미타불
至心歸命禮 極樂衆生障自亡 阿彌陀佛

지심귀명례 주라보망백천중 아미타불
至心歸命禮 珠羅寶網百千重 阿彌陀佛

지심귀명례 극락세계광청정 아미타불
至心歸命禮 極樂世界廣淸淨 阿彌陀佛

지심귀명례 지상장엄난가량 아미타불
至心歸命禮 地上莊嚴難可量 阿彌陀佛

지심귀명례 팔공향지유편만 아미타불
至心歸命禮 八功香池流徧滿 阿彌陀佛

부처님 보살들께 하시는 말씀
극락세계 무량수불 가서 뵈오라.

법문 듣고 기꺼이 받아 행하면
청정한 저 국토를 빨리 얻으리.
청정한 그 나라에 가기만 하면
어느덧 신통 묘용 두루 갖추고
무량수 부처님께 수기를 받아
위없는 바른 길을 이룰 것이다.
저 부처님 처음에 세우신 원력
그 이름 듣고서 가서 나려면
누구든지 그 나라에 왕생을 하여
물러나지 않는 데 앉게 되리라.
그러므로 보살들아, 지극한 원을 세워
내 국토도 그 세계와 같아지라고
나도 많은 중생 구제하겠노라고
그러면 그 이름이 시방에 떨치리라.
그 많은 부처님을 섬길 때에는
이 몸으로 여러 세계 두루 다니며
정성껏 기쁨으로 공양드리고
거듭 극락세계에 돌아가리라.
전생에 착한 공덕 못 쌓은 이는
이 경전의 말씀을 들을 길 없고
온갖 계행 청정하게 닦은 이라야

부처님 바른 법문 들을 수 있네.
일찍이 부처님을 뵈온 사람은
의심을 않고 이런 일 믿으리니
겸손하고 조심스레 듣고 행하여
즐거이 뛰놀면서 기뻐하리라.
교만하고 게으름에 빠진 사람은
이 법문을 믿기가 매우 어렵지마는
전생에 부처님을 뵈온 사람은
이와 같은 가르침을 즐겨 들으리.
성문은 물론이고 보살이라도
부처님의 거룩한 마음 알 길 없나니
이 세상에 날 때부터 눈 먼 사람이
어떻게 남에게 바른 길 가리키리.
여래님의 크신 지혜 바다는
깊고도 넓어 그 끝이 없어
성문이나 보살로는 헤아릴 길 없고
부처님만이 그 덕을 알고 있네.
이 세상 사람으로 누구나 없이
원만하게 모두 다 도를 이루어
청정한 지혜로 공空임을 알고
억겁 동안에 부처님의 지혜 생각하고

있는 힘을 기울여 그것을 해설하고
목숨을 다하여도 알 수 없나니
부처님의 지혜는 한량이 없어
이와 같이 끝없이 청정하니라.
이 목숨 오래 살기 어렵거니와
부처님 만나 뵙긴 더욱 어렵고
믿음과 지혜 갖긴 더욱 더 어렵나니
좋은 법 들었을 때 힘써 닦아라.
법문 듣고 마땅히 잊지 말 것이
뵈옵고 공경하면 큰 기쁨 얻네.
그를 일러 우리들의 선지식이라.
그러므로 너희들은 발심하여라.
온 세계에 불길이 가득할지라도
뚫고 가서 그 법문을 들을 것이니
다음 세상 반드시 부처가 되어
생사에 허덕이는 중생들 구하리라.

지심귀명례 저포금사조이광 아미타불
至心歸命禮 底布金沙照異光 阿彌陀佛
지심귀명례 사변계도비일색 아미타불
至心歸命禮 四邊皆道非一色 阿彌陀佛

지심귀명례 안상중루백만행 아미타불
至心歸命禮 岸上重樓百萬行 阿彌陀佛

지심귀명례 진주마노상영식 아미타불
至心歸命禮 眞珠碼磠相映飾 阿彌陀佛

지심귀명례 사종연화개즉향 아미타불
至心歸命禮 四種蓮華開卽香 阿彌陀佛

지심귀명례 천악음성상변만 아미타불
至心歸命禮 天樂音聲常徧滿 阿彌陀佛

지심귀명례 황금위지간기진 아미타불
至心歸命禮 黃金爲地間奇珍 阿彌陀佛

지심귀명례 주야육시화자산 아미타불
至心歸命禮 晝夜六時華自散 阿彌陀佛

지심귀명례 법음상설자연문 아미타불
至心歸命禮 法音常說自然聞 阿彌陀佛

지심귀명례 피국중생갱무사 아미타불
至心歸命禮 彼國衆生更無事 阿彌陀佛

지심귀명례 의극성화예시방 아미타불
至心歸命禮 衣裓盛華詣十方 阿彌陀佛

지심귀명례 극락무위열반계 아미타불
至心歸命禮 極樂無爲涅槃界 阿彌陀佛

지심귀명례 진시방삼세일체제불

至心歸命禮 盡十方三世一切諸佛

지심귀명례 무량수경

至心歸命禮 無量壽經

지심귀명례 관무량수경

至心歸命禮 觀無量壽經

지심귀명례 아미타경

至心歸命禮 阿彌陀經

지심귀명례 진시방삼세일체존법

至心歸命禮 盡十方三世一切尊法

지심귀명례 관세음보살

至心歸命禮 觀世音菩薩

지심귀명례 대세지보살

至心歸命禮 大勢至菩薩

지심귀명례 약왕보살

至心歸命禮 藥王菩薩

지심귀명례 약상보살

至心歸命禮 藥上菩薩

지심귀명례 보현보살

至心歸命禮 普賢菩薩

지심귀명례 법자재보살

至心歸命禮 法自在菩薩

지심귀명례 사자후보살

至心歸命禮 獅子吼菩薩

지심귀명례 다라니보살

至心歸命禮 多羅尼菩薩

지심귀명례 허공장보살

至心歸命禮 虛空藏菩薩

지심귀명례 불장보살

至心歸命禮 佛藏菩薩

지심귀명례 보장보살

至心歸命禮 菩藏菩薩

지심귀명례 금장보살

至心歸命禮 金藏菩薩

지심귀명례 금강장보살

至心歸命禮 金剛藏菩薩

지심귀명례 산해혜보살

至心歸命禮 山海慧菩薩

지심귀명례 광명왕보살

至心歸命禮 光明王菩薩

지심귀명례 화엄왕보살

至心歸命禮 華嚴王菩薩

지심귀명례 중보왕보살

至心歸命禮 衆寶王菩薩

지심귀명례 월광왕보살

至心歸命禮 月光王菩薩

지심귀명례 일조왕보살

至心歸命禮 日照王菩薩

지심귀명례 삼매왕보살

至心歸命禮 三昧王菩薩

지심귀명례 정자재왕보살

至心歸命禮 定自在王菩薩

지심귀명례 대자재왕보살

至心歸命禮 大自在王菩薩

지심귀명례 백상왕보살

至心歸命禮 白象王菩薩

지심귀명례 대위덕보살

至心歸命禮 大威德菩薩

지심귀명례 무변신보살

至心歸命禮 無邊身菩薩

지심귀명례 문수보살

至心歸命禮 文殊菩薩

지심귀명례 미륵보살

至心歸命禮 彌勒菩薩

지심귀명례 용수보살

至心歸命禮 龍樹菩薩

지심귀명례 마명보살

至心歸命禮 馬鳴菩薩

지심귀명례 천친보살

至心歸命禮 天親菩薩

지심귀명례 진시방삼세일체보살

至心歸命禮 盡十方三世一切菩薩

지심귀명례 가섭존자

至心歸命禮 迦葉尊者

지심귀명례 아난다존자

至心歸命禮 阿難陀尊者

지심귀명례 사리불존자

至心歸命禮 舍利弗尊者

지심귀명례 목건련존자

至心歸命禮 目犍連尊者

지심귀명례 가전연존자
至心歸命禮 迦旃延尊者
지심귀명례 빈두로파라타존자
至心歸命禮 賓頭盧頗羅墮尊者
지심귀명례 진시방삼세일체현성승
至心歸命禮 盡十方三世一切賢聖僧

바라노니 서방 정토에 나되
상품 연꽃을 부모로 삼고
부처님 뵙고 무생법인 이루어
불퇴전 보살과 도반되어지이다.

서방원문 西方願文

연지蓮池 대사

극락세계 계시사 중생을 이끌어주시는 아미타불께 귀의하옵고 그 세계에 가서 나기를 발원하옵나니 자비하신 원력으로 굽어 살펴주옵소서.

저희들이 네 가지 은혜 입은 이와 삼계 중생을 위해 부처님의 위없는 도를 이루려는 정성으로 아미타불의 거룩하신 명호를 불러 극락세계에 왕생하나이다.

업장은 두터운데 복과 지혜 옅사와 때 묻은 마음 물들기 쉽고 깨끗한 공덕 이루기 어려워 이제 부처님 앞에 지극한 정성으로 예배하고 참회하나이다.

저희들이 아득한 옛적부터 오늘에 이르도록 몸과 말과 생각으로 한량없이 지은 죄와 무수히 맺은 원결 모두 다 풀어버리고, 이제 서원을 세워 나쁜 행 멀리하여 다시 짓지 아니하고, 보살행 항상 닦아 물러나지 아니하며, 정각을 이루어서 일체중생 제도하려 하옵나이다.

　　아미타부처님이시여, 대자대비하신 원력으로 저를 증명하시고 가엾이 여기사 가피를 내리소서. 삼매에서나 꿈 속에서나 거룩한 상호를 뵙게 하시고, 아미타불의 장엄하신 국토에 다니면서 감로로 뿌려주시고 광명으로 비춰주시며 손으로 쓰다듬어주시고 가사로 덮어주심 입사와, 업장은 소멸되고 선근은 자라나며 번뇌는 없어지고 무명은 깨어져 원각의 묘한 마음 뚜렷하게 열리옵고 극락세계가 항상 앞에 나타나게 하옵소서.

　　그리고 이 목숨 마칠 때에 갈 시간 미리 알아 여러 가지 병고 액난 이 몸에서 사라지고, 탐진치 온갖 번뇌 씻은 듯이 없어져 육근이 화락하고 한 생각 분명하여 이 몸을 버리옵기 정(定)에 들 듯하여지이다.

　　아미타불께서 관음, 세지 두 보살과 성중들을 데리시고 광명 놓아 맞으시며 손들어 이끄시와, 높고 넓은 누각과 아름다운 깃발과 맑은 향기 천상음악 거룩한 서방정토 눈앞에 나타나면, 보는 이와 듣는 이들 기쁘고 감격하여 위없는 보리심을 내게 하여지이다.

　　그때 이내 몸도 금강대에 올라앉아 부처님 뒤를 따라 극락정토 나아가서 칠보로 된 연못 속에 상품상생 하온 뒤에 불보살님 뵈옵거든, 미묘한 법문 듣고 무생법인 증득하여 부처님 섬기옵고 수기를 친히 받아 삼신三身 사지四智 오안五眼 육통六通 백천 다라니와 온갖 공덕을 원만하게 갖추어지이다.

그런 다음 극락세계를 떠나지 아니하고 사바세계에 다시 돌아와 한량없는 분신分身으로 시방세계 다니면서 여러 가지 신통력과 가지가지 방편으로 무량중생 제도하여 삼독번뇌 여의옵고 청정한 본심으로 극락세계 함께 가서 물러나지 않는 자리에 들게 하여지이다.

세계가 끝이 없고 중생이 끝이 없고 번뇌업장 또한 끝이 없사오니 이내 서원도 끝이 없나이다.

저희들이 지금 예배하고 발원하여 닦아 지닌 공덕을 온갖 중생에게 두루 베풀어 네 가지 은혜 고루고루 갚사옵고 삼계 중생 모두 제도하여 다 같이 일체종지 이루어지게 하여지이다.

정념게 正念偈

저희들 제자와 법계 중생들이 죄업이 지중하여 육도에 윤회하매 그 괴로움은 이루 다 말할 수 없었나이다. 그러나 다행히도 이제 선지식을 만나 아미타불의 명호와 공덕을 듣고 일심으로 염불하여 왕생하기를 원하옵나니, 바라건대 자비를 드리우사 가엾이 여겨 거두어주옵소서.

어리석은 저는 부처님 몸의 상호와 광명을 알지 못하오니 원하옵건대 나투시어 저로 하여금 친견하게 하옵소서. 그리고 관세음과 대세지, 여러 보살들을 뵙게 하시옵고, 서방정토의 청정한 장엄과 광명과 미묘한 형상들을 역력히 보게 하여주옵소서.

찬불게讚佛偈

아미타부처님의 몸은 황금빛

그 몸매와 그 광명 짝할 이 없어

미간 백호 도는 모양 다섯 수미산

맑은 눈 깨끗하기 네 바다 같네.

광명 속 화신불 한량없고

화신 보살 대중도 그지 없으사

사십팔 큰 원으로 중생 건지니

구품으로 모두 다 저 언덕 가네.

나무서방 극락세계 대자대비 아미타불

나무아미타불 (형편에 따라 백·천·만 번)

나무관세음보살 (세 번)

나무대세지보살 (세 번)

나무청정대해중보살 (세 번).

회향게 廻向偈

이내 몸 임종 때에 장애가 없고
아미타불 왕림하여 나를 맞으며
관세음은 내 머리에 감로 뿌리고
대세지의 금련대에 발을 얹고서
한 찰나에 이 흐린 세상 떠나고
팔 한 번 펼 동안에 정토에 나서
연꽃이 피는 때에 부처님 뵙고
설법하는 음성을 듣자오리라.
법문 듣고 무생법인 증득한 뒤에
극락세계 안 떠나고 사바에 와서
방편을 잘 알아 중생 건지고
걸림 없는 지혜로 불사 지으리.
부처님 저의 마음 아시오리니

오는 세상 이 소원 이루어지이다.
시방삼세일체불
제존보살마하살
마하반야바라밀.

염.불.수.행.입.문

1판 1쇄 펴냄 2007년 4월 25일
1판 7쇄 펴냄 2019년 6월 25일

엮 은 이 대한불교조계종 교육원 불학연구소
발 행 인 정지현
편 집 인 박주혜
사　 장 최승천
삽　 화 이준석
펴 낸 곳 (주)조계종출판사

출판등록 제2007-000078호(2007. 4. 27)
주　 소 서울시 종로구 삼봉로 81 두산위브파빌리온 230호
전　 화 02-720-6107~9
팩　 스 02-733-6708
구입문의 불교전문서점(www.jbbook.co.kr) 02-2031-2070~3

ⓒ대한불교조계종 교육원, 2007
ISBN 978-89-86821-61-1 03220

※책값은 뒤표지에 있습니다.
(주)조계종출판사의 수익금 전액은 포교·교육 기금으로 활용됩니다.